AF379750

Los caprichos
de un oficio

Primera edición, mayo del 2017
ISBN: 978-1542997904
Los caprichos de un oficio
© Casa Editorial Abismos
© Dulce María Ramón
Dirección editorial: Sidharta Ochoa
Diseño: D.G. Teresita de J. Ramírez O.

Los caprichos de un oficio

Dulce María Ramón

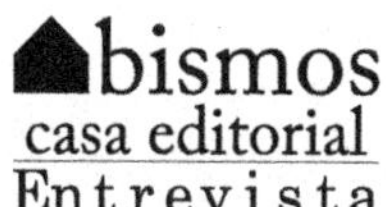

bismos
casa editorial
Entrevista

Dedicatoria

A mi papá,
por enseñarme que en los silencios se encuentran todas las verdades.

A Ojilvie Campos Alonso,
por todo, por tanto.

Los caprichos de un oficio

El oficio del escritor para muchas personas no tiene sentido y hasta lo consideran una verdadera pérdida de tiempo. Por lo tanto la labor diaria de quien se dedica a esta tarea, la ven poco trascendente. La hija del escritor Ricardo Garibay, —Mónica— en alguna ocasión relató que el trabajo de su padre durante toda su infancia la marcó como una alumna inusual respecto a cómo su papá se ganaba la vida. Algo muy poco común de lo que hacían la mayoría de los padres de sus compañeros, pues lo único que requería su papá era su escritorio donde hubiera papel y pluma.

La escritura es ante todo un oficio y para desarrollarlo existen costumbres, tradiciones y ciertas extravagancias, muchas de ellas tienen que ver con objetos que necesitan cerca de ellos para comenzar a escribir, algunas veces los mismos espacios que habitan son vitales para crear a sus personajes.

Remontándonos a personajes de gran trascendencia en la literatura mexicana, el poeta y ensayista Octavio Paz, decía que él podía escribir poesía en cualquier momento, y por lo tanto en cualquier parte: *El ritmo de la caminata me ayuda a acomodar los versos.*

Para otros escritores, la máquina de escribir, un elemento práctico y útil, causó dolores insoportables de espalda, como al escritor Adolfo Bioy Casares que más que por gusto fue por salud que regresó a escribir a mano.

Carlos Fuentes, alguna vez platicó varios rasgos sobre la rutina que llevaba todos los días para escribir *... a las ocho y media ya estoy escribiendo* *en manuscrito y sigo hasta las doce y media, cuando me voy a nadar. Después vuelvo, almuerzo y leo en la tarde hasta que me voy a hacer mi caminata para la escritura del siguiente día.*

Hay otros escritores que tienen horarios y días muy definidos, uno de ellos es Mario Vargas Llosa, quien trabaja sus novelas de lunes a sábado, los domingos hace colaboraciones para revistas y periódicos. Acostumbra hacerlo a mano, pero a las dos horas se acalambra y es cuando decide comenzar a transcribir.

La dramaturga Sabina Berman, en una colaboración en la revista Letras Libres en abril del año 2008, al recordar a su gran amigo, el escritor Emilio Carballido, describió la rutina diaria de Carballido: *Antes de que rayara el sol, Carballido subía al tercer piso de su casa. Escribía en unos cuadernos de contabilidad grandes y de tapa dura. Escribía bajo el cono de luz de una lámpara de tinta azul… ya para cuando la luz había invadido plenamente el estudio y por la ventana podía ver en el tercer piso de la casa vecina a Vicente Leñero tecleando su máquina de escribir, Carballido cerraba su libretota.*

El recorrido de anécdotas de los escritores es inagotable, por ello, decidí entrevistar a escritoras y escritores mexicanos de tres generaciones para preguntarles sobre sus horarios, hábitos, temores, la manera en que la tecnología irrumpió en sus vidas, etc. La mayoría de ellos rompen con la idea sentimental de la máquina de escribir y la musa de la inspiración detrás de ellos y sobre todo con esa concepción de genios creativos que a veces tenemos de los escritores o de las personas que se dedican al arte. Cada uno de ellos por más brillante que sea a nivel artístico e intelectual debe ser disciplinado al momento de enfrentarse a la página en blanco.

La entrevista como toda labor periodística nos permite establecer un diálogo con la otra persona, en ese sentido el libro tiene por objeto aproximar al escritor con quien lo lee y admira, pero también busca fomentar el encuentro del escritor con el público y con ello generar un interés en el lector por acercarse a la literatura de una forma más amena. Cada uno de los entrevistados, describe sus rituales y no por fanfarronería sino porque son elementos vitales a la hora de enfrentarse a la diaria labor literaria, sumamente incomprendida y en muchas ocasiones poco valorada, ya que en un mundo donde todo debe tener una utilidad y un valor, la literatura resulta poco útil.

Las entrevistas fueron realizadas con toda la subjetividad de una lectora común y sin ninguna presunción, más que la de conocer detalles sobre la forma de escribir, pero sin duda también, tiene que ver con el interés de todo periodista de explorar de forma amateur y en muchos casos más profesional, el apasionante universo de la literatura.

Es importante agradecer a los editores y correctores de la editorial por su apoyo y por permitirme mostrar mi trabajo; pero sobre todo por siempre respetar mi estilo y buscar en cada una de sus críticas mejorar cada uno de los textos, por ser yo y nadie más quien editará cada una de las entrevistas.

El mayor agradecimiento es para cada uno de las y los escritores que me abrieron sus casas, estudios, oficinas y hasta azoteas, agradezco la empatía con cada uno de ellos, su confianza por permitirme conocer los caprichos del oficio de ser escritor y como ellos dicen, vivir de la palabra escrita en un país en donde se sigue leyendo poco.

VICENTE LEÑERO

"Yo nunca he tenido un tiempo libre para escribir. Me dediqué mucho tiempo al periodismo y a otras actividades. No tuve un horario muy definido ni un tiempo muy especial. Escribía en los ratos que me dejaba libre mi trabajo. Siempre envidié a los escritores que se levantaban, caminaban, tomaban café y comenzaban a escribir por horas, sin ninguna interrupción…".

La primera vez que crucé palabra con Vicente Leñero fue en el año 2005 cuando tuve la valentía de pedirle una entrevista. Sus palabras fueron claras y sin la menor posibilidad de replica: ***Yo no doy entrevistas.*** Por la razón que sea y por lo contundente de su negativa, decidí olvidar el tema. Sin embargo, años después resolví dejar atrás lo dicho por él. Así que busqué el teléfono de su domicilio que guardaba en una agenda. No era seguro que el número aún fuera el suyo, pero lo cierto es que no perdía nada al intentarlo. Su hija Estela Leñero, fue quien me atendió, ella fungía como su asistente, le llevaba la agenda de todo lo que tenía que ver con eventos culturales a los que él fuera invitado o cualquier otro tema, entre ellos solicitudes de entrevistas. Estela me comentó que la petición se la debía mandar a su correo, ella se encargaría de imprimirla y dársela a su papá. *Si a mi papá le interesa, yo te estaré avisando de manera inmediata*, me comentó al colgar. Durante un mes cada tercer día marcaba al teléfono de Estela. Creo que las dos estábamos igual de apenadas. Yo por decir y preguntar lo mismo en distintas formas y ella, de excusar al escritor al no tener una respuesta. Sin embargo, jamás me dijo que dejara de insistir. Una noche, esperando de nuevo la misma contestación de la voz de Estela, me comentó que revisara mi correo electrónico, me dio las gracias y mil disculpas por todo el tiempo de espera. En la bandeja de mi correo electrónico, había un mensaje muy concreto: día, hora del mes de junio de 2014 y dirección de la casa del escritor donde me tenía que presentar. En ese momento yo no me imaginaba que la entrevista que me concedió sería una de las últimas que daría en su vida.

Una mujer con gesto indiferente abrió la puerta de la casa de Vicente Leñero, le expliqué el porqué de mi visita, a lo cual no le dio mayor importancia, solo señaló las escaleras y dijo de manera escueta, *está donde siempre.* El tiempo en que tardé en subir las escaleras, fue una pequeña vida que vi pasar y de pronto, caí en cuenta de que Vicente Leñero, me esperaba.

Cuando entré a su estudio, él estaba escribiendo a mano sentado en su escritorio Saludé con un volumen bajo, —lo que menos deseaba era interrumpir—. *Deme un momento estoy terminando, tome asiento,* dijo señalando unos diminutos sillones, sin poder evitarlo al sentarme le daba la espalda. La realidad es que, si ya estaba ahí, no podía perder detalle alguno aun cuando se me pudiese tomar como una irreverente. Me levanté y le pregunté si tenía inconveniente en que viera lo que tenía encima de su escritorio. Alzó la mirada y me observó a través de sus gafas. *No, aunque no hay nada extraordinario.* Era cierto, estaba plagado de hojas de papel, todas ordenadas, su máquina de escribir libretas con apuntes. Solo me llamó la atención que en una esquina se encontraba un pequeño tablero de un ajedrez electrónico. *Como la maquinita es lenta, en lo que piensa su jugada yo escribo y así nos la pasamos. Aunque mi vicio es jugar ajedrez soy mal jugador, no soy ni medianamente bueno, pero me gusta mucho,* dijo al ver cómo me acerqué de manera imperiosa al aparatito, y enseguida se levantó caminando hacia los sillones para dar inicio a la entrevista.

¿De dónde nació el gusto por el ajedrez? *De mi papá, él si era un excelente jugador de ajedrez, además un excelente lector, ahí surgió mi inclinación por las letras y el agrado por las matemáticas.* ¿Qué leía cuando era niño? *Todos los cuentos ingleses para niños, bueno yo y todos mis hermanos.*

Toda la vida de Leñero transcurrió en la colonia San Pedro de los Pinos en la Ciudad de México. La casa donde vivía con Estela Franco su esposa, fue de su abuela. *Mi papá a cada uno de sus hijos les heredó una casa, todas en esta misma colonia. Esta casa se remodeló hace 30 años, desde ese tiempo es así el estudio.* Cuando nombra su estudio lo dice con orgullo, sus ojos le brillan y mira de un lado a otro los enormes libreros que tapizan las paredes del lugar. *Pero no siempre tuve tan cerca los libros. Cuando era muy joven me escondía de mi madre, ella fue una mujer sumamente religiosa y estoy seguro que tenía una lista de títulos de libros prohibidos por la iglesia, los cuales tenía bajo llave. Esa creo fue una de mis mayores rebeldías, el leerlos con esa sensación de clandestinidad. Ahora todos estos que ves, ya no los leo, un día voy a comenzar a regalarlos.*

Con movimientos pausados se sienta junto a mí, sin soltar jamás, un cenicero de madera y un cigarro prendido, al lado de él una taza de café sobre una mesa. La primera pregunta respecto a su rutina como escritor la responde de manera inmediata. *Yo nunca he tenido un tiempo libre para escribir. Me dediqué mucho tiempo al periodismo y a otras actividades. No tuve un horario muy definido ni un espacio. Escribía en los ratos que me dejaba libre mi trabajo. Siempre envidié a los escritores que se levantaban, caminaban, tomaban café y comenzaban a escribir por horas, sin ninguna interrupción. Pero el tiempo ya no es el mismo —reflexiona— ahora ya no tengo horarios alternativos, dedico dos días a la semana a escribir, sino es que menos. Escribo cuentos, pequeños relatos, pero ya no trabajos de la envergadura de una novela. Porque los cuentos se pueden escribir en ratos libres, en tiempos parciales. La novela sí requiere una aplicación más directa para no perder el tono.* Vicente Leñero tiene una manera práctica para organizarse cuando escribe a mano, lo hace en pequeñas libretas tipo moleskine, donde del lado derecho escribe y del lado izquierdo corrige el texto. *Ya corregido el texto, lo transcribo en la máquina de escribir y sin remedio vuelvo a corregir. Cuando termino se lo entrego a mi hija Eugenia, ella se encarga de pasarlo a la computadora y lo vuelvo a revisar.*

Confiesa que nunca quiso usar la computadora, los avances tecnológicos pasaron al lado suyo sin molestarlo en absoluto. Las computadoras siempre fueron ajenas a él aun cuando no faltaba quien le dijera de las virtudes de que traía consigo la tecnología. Además, se reconoce como parte de la generación de escritores que comenzaron a escribir en máquinas mecánicas donde las teclas eran duras y pesadas. *Desde hace tiempo tengo una portátil Brothers de color amarillo, con la cual me adapté. Quise también, adecuarme a la máquina de escribir eléctrica. Hice la prueba en una tienda durante una mañana, pero descubrí que no necesitaba la rapidez de una máquina con esas características. En realidad, soy muy rápido escribiendo solo con dos dedos, pareciera que escribo con todos, pero no.*

¿Y si hablamos de las plumas con las que escribe? No es importante sin embargo, tengo desde hace mucho un juego de Cartier, que en un momento dado el problema es que sus repuestos duran muy poco… o yo escribo demasiado… no lo sé. Mira, esta que traigo aquí es de las que compras en la papelería y son igual de buenas. Se acerca más a mí, como si fuera a confiarme un secreto, *lo de las plumas, es una mamonería, las ideas se escriben aquí,* señalándose la cabeza. Tal vez por ello nunca ha sido metódico en lo que se refiere a una rutina de trabajo sin embargo, la duda y el miedo a que algún texto no este bien escrito lo ha vuelto sumamente exigente con la corrección de lo que escribe, al grado de volverlo un maniático riguroso en lo que se refiere a la corrección, sin importar que esta labor lo deje completamente fatigado. *Mira mis originales son espantosos y burdos.* Dice mostrándome una libreta con varios párrafos con correcciones ilegibles. *Lo que tenemos los escritores es que somos dueños de la voz original de lo que escribimos.* Por ello, no es de extrañarse que en el mundo donde habita durante gran parte del día, tenga consigo una colección de diccionarios de todos tipos: antónimos, sinónimos, de la imagen, para escritores, con la única finalidad de encontrar la palabra exacta. *Los diccionarios ayudan a resolver la memoria.*

ENTRE LOS ALBAÑILES
Y LA VIDA QUE SE VA

Su novela **Los albañiles** (1964), sin duda la más reconocida, llegó por accidente. El Centro Mexicano de Escritores le otorgó una beca por un año. El proyecto con el que había participado era para realizar una serie de cuentos sobre lo que él había vivido cuando hacía su servicio social en las instalaciones sanitarias de un edificio, cursando la carrera de ingeniería civil. *Fue una novela que me costó mucho trabajo, pero con todo ello logré terminarla.* En el año de 1963 le otorgaron el premio Biblioteca Breve Seix Barral por esta novela, los reconocimientos no tardaron en hacerse presentes por ello, se llegó a poner en escena. *Fue muy exitosa, por primera vez gané buen dinero y después la transformé en cine. Es un libro muy querido por el esfuerzo que implicó terminarlo.*

Pero más allá de lo reconocido y emblemático que resultó ser el libro, hay una parte emocional que lo marcó siempre y fue el poder dibujar tanto el temple enérgico de su padre a través del personaje del ingeniero Zamora. *Definitivamente en el personaje de El Nene, yo estaba plenamente representado por la torpeza en lo que se refiere a la ingeniería.*

Sin embargo, afirma que si tuviera que nombrar a su novela más entrañable sin duda sería **La vida que se va** (1999), en ella, el escritor decidió conjugar su pasión por el ajedrez a través de la vida de una anciana. Ahí, dejó entrever las posibilidades infinitas de este juego, en el que la inteligencia y la exactitud en el tiempo van de la mano. Aun cuando ha sido creador de novelas de gran relevancia, varias colecciones de cuentos, guiones, reportajes, memorias, piezas teatrales, y ha obtenido diversos premios por su trayectoria en la literatura y el periodismo, confiesa que le costó mucho trabajo poder desarrollarla, muchos borradores terminaron hechos pedazos de papel en un cesto de basura. *Fue una obra que me costó mucho por las actividades que tenía y hubo que ganarle espacio al tiempo. Yo pienso que es mejor que las otras, es una obra escrita con más malicia. Fue la conclusión de mi carrera.* Pero no ha sido así, sigue presente. *Lo único que quisiera es releer El Quijote —ríe—* y una bocanada de humo sale de su boca. *Uno decide cuando retirarse, sin importar que se siga escribiendo. No hablo de la dignidad profesional del escritor del retirarse a tiempo, eso no existe. Simplemente de ya no tener compromisos con nadie, de esos que te ponen nerviosos y te quitan el sueño.*

Leñero accede a firmar los dos libros de **Vivir del Teatro** (1968). Las dos publicaciones son de la Editorial Joaquín Mortiz. *Hiciste que recordara muchas cosas,* dice al ir firmando de manera pausada los dos libros. *Cosas ya de viejos. . . las funciones de teatro, que poníamos mis hermanos en escena en la cama de mis padres, todos los títeres los comprábamos en un mercado llamado Miraflores. Ahí adquirimos a los personajes de todas nuestras obras. Todas escritas por mis hermanos y yo. Más adelante nos vimos más visionarios e hicimos con cajones de madera y con focos que encontrábamos en la casa, nuestro escenario.* Entonces tiene presente el periódico Mariposa. *Sí, claro, con las reseñas infantiles de las obras de teatro que se llevaban a cabo cada semana. Como si fuéramos críticos de teatro.*

Las personas de mi generación hemos leído por lo menos algún texto de Leñero, ya sea porque sus libros han sido parte de los estantes de las casas de nuestros padres o por ser un ícono en el mundo del periodismo. Por ello, preguntarle por los reconocimientos que ha recibido o sus inicios de manera profesional en el teatro o cualquier otro tema respecto a su trayectoria periodística está de sobra. Vale más su tono nítido de voz, muy cerquita de uno, recordando los recreos infantiles.

¿Ha pensado en la muerte? *Sin duda, más cuando todo es quietud, pero no me preocupa, mi vida está aquí con mi café, mis cigarros y sin ruido porque hasta la música me distrae.* Contesta entrecerrando los ojos. En ese momento no imaginé que la muerte rondaba su vida y que seguramente él ya lo sabía. Cuando supe sobre su fallecimiento y sobre la causa, no me asombré. Durante el tiempo que duró la entrevista se fumó cerca de diez cigarros, uno tras otro con pausas de sorbos de café.

El tiempo ha terminado, lo sabemos los dos. *Estela ahora está en sesión, también es hora de que yo continúe escribiendo.* Me acompañó a la puerta de cristal y ahí me despidió con un abrazo. Al llegar a la planta baja volteé hacia arriba, él continuaba ahí, con la mano volvió a decir adiós. Su rostro cálido y amable se fue conmigo. Me quedó claro que el escritor no dejaría de buscar las palabras correctas para explorar mundos alternos, con la misma serenidad en que pasaba horas viendo el fondo del pozo obscuro de la casa de su abuela cuando era niño —a lo mejor— tratando de encontrar, como en la infancia, infinidad de sortilegios.

ELENA PONIATOWSKA

"Ahorita, sigue morirme. Es levantar los tenis e irme. Quiero que todos sean felices, sobre todo mis nietos. Pero a mí, ya no me queda mucho. Yo ya cumplí muchos años. Siempre pensé que sería la primera... y total creo que soy una de las últimas".

Es invierno y el atardecer deja sentir a través del viento su implacable frio. Son cerca de las cinco de la tarde y faltan escasos veinte minutos para la cita con Elena Poniatowska. El tiempo de espera pasa rápido observando a las personas que entran y salen de la Parroquia de San Sebastián Mártir, muchos dejan encargados a sus perros para tomar en botellas de vidrio agua bendita, otros se persignan hincándose y mueven los labios de una manera vertiginosa.

La fachada de la casa de la escritora está pintada en de tonos claros. Sobre la puerta y la barda descansan las enormes ramas de una buganvilia que por la estación del año no tiene flores. Al tocar a la puerta, se escuchan los ladridos y el alboroto de un perro, seguido de unas rápidas pisadas de una mujer que por el ojillo el zaguán observa antes de abrir. *Qué pena, la señora no ha terminado de comer y tiene mucha gripe, pero si regresas más tarde en 30 minutos, seguro no habrá problema*, dice la mujer un tanto apenada y cerrando la puerta de inmediato. Los 30 minutos pasan sin darme cuenta.

Elena se encuentra en la sala, está en otra entrevista. Al sentir la presencia de alguien más, voltea, saluda y pregunta, *¿No viste si ya llegaron los polacos?* Respondo diciéndole que al parecer no, sin saber realmente de qué personas habla. *Ah, es que hoy no es el mejor día para mí, estoy atolondrada. Esta gripe me mata, y hace que no sepa que digo y como organizo mis citas.* Dice al pedirme que me integre a la conversación con sus invitados, Arturo Morell y Daniel Reyes, quienes en meses anteriores la invitaron a que inagurara el Programa Iberoamericano de Miami Book Fair International.

Elenita como se le conoce popularmente, no ha dejado de estar en el imaginario colectivo del mundo cultural y periodístico de nuestro país, y aunque efectivamente ella se nota cansada y agripada, la enorme sonrisa en el rostro no se desvanece. *Hace frío, ¿qué quieres tomar?, ¿café?, ¿te?... ¿un vasito con agua?*

Ya instalada y junto con sus otros invitados iniciamos una cálida charla que ella interrumpe. *Pero, dime ¿qué quieres saber de mí?, ¿De qué me quieres preguntar?* Quiero que me hable de Elena, la niña francesa que llegó a México en un barco de refugiados junto con su hermana y su mamá. *Creo que no queda mucho, porque México se encargó de volverme suya. Siempre me gustó este lugar de locos. Recuerdo que llegué a los diez años de edad.* Pero estudió en Estados Unidos. *Sí, en el Convento del Sagrado Corazón de Eden Hall en Torresdale cerca de Filadelfia, mi hermana y yo pero éramos ya unas señoritas. Nos mandaron a estudiar materias como matemáticas y literatura, lo que era bueno para las niñas bien de aquella época. Y además, teniendo diez y siete años no te queda más opción que obedecer a tus papás.*

¿Qué es lo que más recuerda de sus papás? *De mi papá recuerdo cómo le gustaba tocar el piano y de cómo se rasuraba. Yo lo observaba y suponía que hombres y mujeres lo hacían. Así que decidí un día tomar la navaja de afeitar. Y lo único que conseguí fue hacerme una cortada no muy grande, pero que aún conservo. De mi mamá recuerdo su belleza, su aroma, los senos tan bonitos y como se le veían en esos vestidos de noche cuando me iba a dar las buenas noches. Ni mi hermana ni yo, veíamos tanto a mis papás. Teníamos nanas e institutrices, de ellas me acuerdo más.* ¿Y de su abuela, de ella si tiene muchos recuerdos? *La mamá de mi papá, era una señora de cabello blanco. Recuerdo que todas las noches nos mostraba la revista The National Geographic Magazine, era una abuela muy bella, cultivaba rosas.*

¿Qué es lo que más le gustaba hacer cuando tenía esa edad? *Ah, pues bailar. Mi hermana Kitzia y a mí nos gustaba mucho, pero ella bailaba infinitamente mejor, la admiraba tanto por alta y bonita. Además, leía muchos libros. No que yo parecía un ratoncito por lo chiquita que soy.* ¿Y usted todavía baila? *Ahora tengo 82 años y procuro bailar unas cinco horas diarias por lo menos.* —ríe— y lo hace tan fuerte que sus ojos le comienzan a llorar. De pronto en la sala aparecen dos gatos que se apropian de los sillones sin importar que estos estén ocupados. Monsi – macho— y Vais – hembra— son comodinos y confianzudos. Vais se sienta en el respaldo del sillón y está punto de beber de la taza con té que su ama sostiene y ella de inmediato la reprende. Monsi, sin importar que jamás me ha visto, se acuesta en mis piernas dejando que lo acaricie. *Estos gatos me han dado dolores de cabeza y me dan mucha angustia, parecen los dueños de toda la casa, aparecen en todos lados y no piden permiso, creo que todos los días digo más de 30 veces su nombre.* ¿Te gustan los gatos, entonces? Le pregunto tuteándola y tratando de establecer mayor confianza. Se queda pensativa y contesta categórica. *De todos los animales domésticos con los que he convivido, los que menos me gustan son los gatos.*

Ambos gatos, le recuerdan todos los días a su entrañable amigo Carlos Monsiváis. *Se parecen en lo esquivo, cuando estos dos no quieren ser vistos, nadie los encuentra. Lo mismo hacía Carlos. Era capaz de fingir la voz de una mujer en el teléfono para negarse a hablar conmigo.*

La conversación con la escritora y sus invitados es como un laberinto con diversos pasajes secretos donde nos detenemos a platicar de cada uno de ellos, pero siempre con una preocupación recurrente *¿No han llegado los polacos?* Su mucama, una mujer de mediana edad le responde que no.

Durante la plática y de manera intempestiva Elenita nombra de pronto un libro que le gusta mucho porque le recuerda a una mujer, para ella, extraordinaria, Josefina Bórquez, alias Jesusa Palancares, la protagonista de **Hasta no verte Jesús Mío** (1969). *Es un libro muy entrañable y es por una razón muy grande, ya que por los ojos de Josefina Bórquez, una mujer con mucho temple conocí la vida de la mujer mexicana en provincia, en un estado tan maltratado como Oaxaca. Aunque ella decía que era un pueblo chipotudo (feo). Además, me acuerdo mucho de Francisco Toledo el pintor. Yo lo conocí cuando simplemente era* **Benjamín López.** *Toledo lo tomó de su mamá y el nombre de Francisco se lo puso*

Antonio Souza, quien fue el primero en exponer su obra. ¿Cómo era Toledo antes de ser el personaje que hoy conocemos? *Igual, su manera de ser y de escabullirse siempre ha sido la misma, solamente que sin canas,* contesta sarcástica.

Las mujeres de Juchitán, también son muy queridas e importantes en su vida personal y literaria. Y lo demostró al ponerse un vestido elaborado por ellas para recibir el Premio Cervantes (2013). *Ah, sí un vestido rojo chillón, pero lo más bonito de todo es que el Rey de España a quien quiso, fue a mi nieta Carmen que es una niña de ocho años. Ella le preguntó ¿por qué no traes tu corona en la cabeza? El Rey le respondió, la tengo doblada aquí en el bolsillo. Más adelante Carmen le preguntó que si era bonito ser Rey, y él solo le respondió, a veces. En un momento dado, mi nieta quiso irse a jugar y el Rey la jaló de su cabello y ella enojadísima volteó y le dijo, no me jales... Creo que hoy en día los reyes se sienten más en confianza y menos agredidos por los niños.*

¿Cuántos nietos tienes? *Diez, más hombres que mujeres. Y de ellos tengo uno que se llama Cristóbal y él es mi consentido. Porque con él tengo una relación muy profunda. Además, es un luchador y un niño de mar, va muy bien en la escuela y para todo te dice,* **uta madre**. *Pero lo que más me gusta es su voz, que es una maravilla porque adentro de ella tiene muchas voces. Nos disfrutamos mucho. Yo creo que le caigo bien y él a mí* ¿Lo ves a menudo? *No, porque él vive en Mérida. Pero mira, lo recuerdo aquí en mi cabeza y lo veo ahí en las fotos,* señala hacia el vestíbulo donde se encuentra una mesa de madera con muchos portarretratos, en ellos fotos de su familia, de sus padres, de sus hijos y su esposo. Hay fotografías donde ella está sonriendo. ¿Te acuerda porqué reías? *Supongo que de algo que me dijeron, o algo que vi... cuando eres joven te das el gusto de reír de todo y con todos.*

Y tu día a día ¿cómo lo inicias? *Abriendo los ojos, y después salgo a caminar con el perro que te recibió con ladridos de alegría. Camino con el por salud de ambos, pero irremediablemente para que la casa no huela tanto a pipi.* ¿Y la escritura, el día a día en ella? *Siempre que escribo tengo al periodismo a mi lado, es si quieres, una fijación. Nunca me he sentido propiamente novelista o cuentista y mucho menos ando inventándome mundos distintos al que habitamos. Para mí es una gracia que agradezco cuando dicen; la escritora Elena Poniatowska. La verdad, es que yo soy hija del periodismo y siempre termino cuestionando todo.* ¿Pero existe un proceso mental para que te sientes enfrente de tu computadora y comiences a teclear? *Sí, pero te repito es un asunto más periodístico. Investigo mucho, hago entrevistas, como con la gente, trato de sentir su felicidad, su dolor. Antes de cada libro existen mil libretas, mil servilletas con garabatos.* ¿Cómo te imaginas tus libros, antes de que termines de escribirlos? *Mi idea de los libros que escribo nos es mostrar lo creativo. Siempre ha sido el informar, el describir una vida, un suceso. Ya después, lo adorno con palabras bonitas, con cosas que enamoren.*

Elena se torna ansiosa, vuelve a decir que hoy no es un buen día, que juntó citas y que los polacos, no han llegado. La mucama le dice que ella se asomará a la puerta de la calle y que en cuanto los vea los apresurá para que entren. Se ve cansada, la gripe y el clima frio de la noche hace que su voz se morme por lo que finalmente le pegunto ¿Qué es lo que sigue para Elena? La escritora de tajo responde. *Ahorita, sigue morirme. Es levantar los tenis e irme. Quiero que todos sean felices, sobre todo mis nietos. Pero a mí, ya no me queda mucho. Yo ya cumplí muchos años. Siempre pensé que sería la primera... y total creo que soy una de las últimas.*

No termina de responder a la pregunta cuando por fin llegan los polacos. Una tromba de cuatro niños y un adolescente entran corriendo a su casa y atrás de ellos dos mujeres y un hombre, quienes se notan apenados porque sienten interrumpir, se disculpan. Elenita es cordial con sus invitados, los invita a pasar a sentarse y les ofrece algo de beber. Ellos llegan con el tiempo encima porque a las diez de la noche sale su avión a Polonia. Curiosamente el único polaco es el esposo de una de las mujeres. Él se sienta en un banquito sin decir palabra alguna, tan solo observa como se toman las fotografías y como los niños exploran la casa. Los dos gatos salen corriendo para esconderse en algún rincón. Solamente el más grande de los niños obedece a Poniatowska cuando lo invita a sentarse. *Te ves un chico listo,* le dice ella sonriente. El niño solo dice que sí con voz muy bajita, sin dejar de hacer notar su admiración por las paredes tapizadas de libros. Elena se da cuenta del asombro del niño y le dice, *todos los libros que ves, los he leído.*

La escritora vuelve a tomar fuerzas, las personas que la visitan sea para saludarla, para una entrevista, para pedirle un libro o una foto, le dan vida. Ella siempre tiene las puertas abiertas nunca niega una llamada, siempre contesta sus correos electrónicos y sin importar que junte sus citas, a todos los que la buscan atiende. Por eso la muerte ni se asoma, hay demasiada vida en esa casa. Hay demasiadas voces que tienen que escuchar a Elena.

BÁRBARA JACOBS

"Desde muy temprano o para muchos de madrugada, comienzo leyendo. Más tarde tomo apuntes en mi libreta, siempre con lápiz, esas mismas líneas las corrijo donde hay innumerables tachaduras, reacomodos de párrafos y siempre la infinita búsqueda de la voz precisa".

Cursar la educación primaria en los años cincuenta en México en un colegio francés dirigido por monjas y en donde además la enseñanza olía a rancio, no era el ambiente más benéfico para una adolescente que traía consigo palabras asfixiadas, aquellas que no se consiguen pronunciar. Esta era a la sensación punzante de una mente que ya no creía en lo ángeles, ni en el diablo, sino únicamente en su voz. Aquella niña de amables respuestas y buenas costumbres, un día se cansó, tomó una libreta y un lápiz y de manera compulsiva garabateó hasta el cansancio la palabra *autopsia*, que placer tan grande quebrantar una autoridad absurda. Lo que vino después, no la inmutó. Solamente recuerda un párrafo de la carta que entregó la escuela a sus padres al expulsarla ... *la manzana podrida que amenaza con pudrir la fruta sana a su alrededor...*

Bárbara Jacobs, ahora proyecta una gran sonrisa, se emociona cuando recuerda los tiempos infantiles. *El rostro de mi mamá estaba desencajado, no sabía que decir. Ella era una mujer muy educada, refinada. Se asustó tanto porque no supo donde quedó aquella niña sumisa y temerosa y que en ese momento ya no le temía a nada. Ahora la entiendo, ella venia de una educación maronita, no tan rígida pero donde el temor a Dios era con lo que todos los días despertába. Mi papá que era un hombre que no le preocupaba mucho lo que dijeran los demás, no me dijo nada. No entendí si fue una especie de correctivo, pero resolvieron mandarme a un colegio también de monjas pero en Canadá. Algo que agradecí mucho porque la educación era más libre que en México. Disfruté enormemente un pasillo gigantesco donde había repisas con libros, no existían restricciones para leerlos.*

Jacobs proviene de una familia de emigrantes libaneses, sus cuatro abuelos llegaron a principios del siglo pasado a América. Sus padres eran primos de segunda generación. Los primeros años de su matrimonio los vivieron en Estados Unidos y más tarde cambiaron su residencia a México. De sus cuatro hermanos reconoce haber sido la más dócil, la más obediente y apegada a su madre, antes — claro — de que se revelara en contra de la escrupulosidad y las buenas costumbres. *Sé que conservo esa personalidad reservada, tímida, eso jamás cambió. Pero en aquellos tiempos el haber sido expulsada, por el simple hecho de no tomar la lección y escribir una palabra prohibida para una niña bien, era en verdad un auténtico acto de rebeldía.*

Fue una palabra con la que querías demostrar desobediencia y también, la que te abrió los ojos hacia la escritura ¿esto fue lo que te ocurrió? *No, me di cuenta de modo inconsciente que por lo menos quería escribir y contar historias, aunque no sabía de que forma. Posteriormente Marisol Marín del Campo — Premio Jomar Arte y Literatura 1986— de la que he sido amiga desde que éramos niñas hicimos un juego, el cual consistía en que a ella, yo le contaría cada cierto día un relato de tonos catastróficos, de miedo, de problemas familiares, y ella me relataría una historia de amor cursi y melosa. Esto lo conjugué con el gusto de escribir mi Diario. La realidad es que hasta el momento no he perdido el gusto por hacerlo. Tengo 67 años y desde que comencé —a los doce años— no ha habido día en que no ponga algo en el. Obviamente he escrito de muchas maneras, estilos y formas, donde he vertido mis odios, amores, enojos, pero jamás ha habido interrupción alguna para tomarlo todos los días.*

En su estudio en Cuernavaca donde se realizó la entrevista, en una esquina se encuentra un mueble rectangular de madera y dos puertas con candado. *¿Ves esa especie de ropero? Ahí se encuentran todos mis diarios. Algún día haré una recopilación de todos ellos y escribiré un libro. Pero en este momento, en esta entrevista casualmente no traigo conmigo la llave —bromea—.*

Relata que los años pasaron y sus intereses comenzaron a ser un tanto contrarios a la escritura. Decidió inscribirse a la carrera de Medicina en la Universidad Nacional Autónoma de México, al mismo tiempo nació en ella una norme pasión por la danza, por lo que entró a tomar clases a un estudio de ballet en la calle de Ámsterdam. *La vida me dio las respuestas sin pedirlas. En el caso de la danza un accidente provocó que dejara las clases de manera al principio transitoria y más adelante ya permanente. La medicina se esfumó cuando en un anfiteatro de la Facultad de Medicina vi el cadáver de un joven, no pude con ello, porque me cuestionaba el motivo de su muerte, qué era lo que había dejado atrás, su familia, su estudios. Después de pensarlo mucho, sobre todo para no volverme a equivocar, decidí estudiar Psicología. Fue una decisión acertada, llegué a final y me titulé.*

La también ensayista cuenta que decidió dedicarse a la docencia, dando clases en secundarías, preparatorias y Universidades, de igual forma enfocó su vida profesional al área de investigación en El Colegio de México. *La traducción también fue un área que ejercí,* — traductora de los escritores Carson McCullers, Kurtt Vonegut Lilian Hellman— *ya que tenía que ganar dinero y por la misma educación que recibí, sabía hablar bien el inglés y el francés.* En el año de 1970, releyendo las historias esbozadas en sus diarios, decidió escribir un cuento, se lo mostró a un amigo de la Universidad quien al gustarle le pidió a Jacobs que se lo diera para llevárselo a un amigo suyo, quien era editor de un suplemento cultural —Antonio Helú— *A partir de ahí, creí ingenuamente que todo estaba dicho y me di a la tarea de ir a varios periódicos a presentar mis textos. Fueron muchos los portazos, hasta que tuve la suerte de que al periodista y escritor Luis Spota le gustara lo que yo escribía.*

¿Ese año marcó tu vida? Conociste a Augusto Monterroso.

Sí, al parecer ya estaba destinado. Antes de concluir ese año en el mes de octubre, me inscribí a un taller de cuento que coordinaba Augusto Monterroso. Yo ya lo admiraba pues ya había leído cuentos de él. Pero estaba nerviosa aun cuando sabía que tenía unas bases sólidas en cuestión de gramática. Efectivamente no fue fácil, las críticas para los que tomábamos el taller eran muy fuertes, duras y no existía la compasión. En ese taller aprendí muy bien lo que es la lectura sistemática y la firmeza de la labor literaria. Y claro, inevitablemente desde ese día me prendí de Augusto. Fui su mujer, su esposa, durante 42 años hasta el día que murió.

¿Importó la diferencia de edades? No, eran muchas las cosas que teníamos en común, pero sobre todo la conciencia social. Había sobre todo coincidencias con mi papá, el desprendimiento de su lugar de nacimiento, el exilio. Por eso se hicieron muy amigos. Por supuesto que mi mamá no entendía por qué me había enamorado de Tito, con el tiempo lo quiso mucho. El personaje constante en tus libros es tu papá. ¿Por qué? *Mi papá se llamaba Emile Jacobs, él fue reportero en Moscú en los años 30. Durante mucho tiempo fue un secreto lo que había atrás de él antes de su llegada a México. Mis hermanos y yo lo descubrimos en varias fotos con su uniforme de la Brigada Lincoln, en la guerra Civil de España. Cuando yo era niña viví con mis padres, mis hermanos, pero también, con mis primos y los hermanos de mi mamá. La razón era que el papá de mi mamá siempre quiso tener a todos sus hijos con su descendencia bajo su cuidado. Y así fue, mi infancia en una casa enorme, donde mi papá vivía en otro mundo, siempre leyendo absteniéndose de convivir más de lo necesario con los que le rodeaban. Nunca lo dejé de observar y de admirar. Durante mucho tiempo intenté escribir la historia de Emile Jacobs, con distintas voces.*

Bárbara Jacobs es indudablemente un protagonista en la esfera de la literatura mexicana. Su trayectoria abarca la traducción, el cuento la novela. En el año de 1987 recibió el Premio Xavier Villaurrutia por su libro **Las hojas muertas,** la cual ha sido traducida al inglés, italiano y portugués.

¿Aquí, siempre escribes? En realidad soy una mujer un tanto complicada en horarios, estoy entre la Ciudad de México y Cuernavaca. Digamos que en este sitio tengo más espacio que en Coyoacán. Al mismo tiempo poco a poco se ha ido llenando de muchas pertenencias. Además, este estudio está diseñado por Vicente — Rojo—

¿Cuál es tu proceso en la escritura? Lo más importante es que siempre está ligado a la lectura, por eso desde muy temprano o para muchos de madrugada, comienzo leyendo. Más tarde tomo apuntes en mi libreta, siempre con lápiz, esas mismas líneas las corrijo donde hay innumerables tachaduras, reacomodos de párrafos y siempre la infinita búsqueda de la voz precisa. Reconoce que a lo largo de los años ha aprendido a consultar e investigar, tipo de fuentes. *Además, soy muy celosa de mostrar lo que voy realizando es casi un secreto, no lo comparto y mucho menos se lo muestro a alguien hasta que se publica.*

Barbará me invita a ver cómo separa los textos de un proyecto que todavía no sabe cuándo publicará. Efectivamente no muestra más de lo que ella cree que es suficiente, no contesta ninguna pregunta respecto de lo que voy viendo. No tardo más que un momento cuando nos sentamos de nuevo a conversar. *Nunca voy a perder la costumbre de decidir cuándo está listo un libro para publicarlo, tardo mucho en determinarlo.* Agrega que esta consciente de que muchas veces los temas que elige para sus libros no son de la predilección del lector común.

El espacio donde se encuentra el estudio, tiene como cualidad la luz que entra por el ventanal justo en el escritorio de forma rectangular donde esta su computadora Mac. Lapiceros, plumas, libretas, todo en sincronía, nada fuera de sitio. Fijado a la pared del lado derecho se encuentra un librero sin ningún espacio libre. Los colores rojos y cobrizos preponderan en el lugar. Me muestra su libreta, donde va haciendo anotaciones diarias. La letra que utiliza es pequeña y tiene armonía entre línea y línea. Varios papeles están adheridos a cada hoja, todos son de distintos colores, todos tienen su razón de estar ahí. *Siempre he escrito en soledad y aquí, no hay ruido, no hay interrupciones, el tiempo es mío y el proceso de la escritura se da de manera natural. Además, Vicente también tiene sus asuntos y no nos vemos hasta que comemos, los gatos y la perra son los que nos visitan a los dos a la hora que quieren. El estudio de la Ciudad de México ya lo veo pequeño, bueno en realidad lo es. Este es muy armonioso es como verme, como descubrirme en cada objeto. Aquí tengo cosas que eran de mis abuelos, elementos que nunca se han ido de mi mente. Vicente se encargó de darles el sitio indicado.*

Vicente Rojo en tu vida ¿Qué significa? *Vicente siempre ha estado presente en mi vida, es un gran ser humano, un gran amigo. Tito y yo siempre estuvimos cerca de Albita – Alba Cama, promotora cultural– y de él. A todos lados íbamos juntos. Un día Vicente y ella nos anunciaron que se irían un tiempo fuera de México. Así que los invitamos a cenar. Albita llegó un poco tarde pues tenía cita con el médico quien le había dicho que su salud estaba muy bien por lo que no había ningún inconveniente en que viajara. Tiempo después, Tito recibió una llamada de Vicente explicándole que tenía que regresar pues la salud de su esposa no era nada alentadora. Ella falleció en el mes de enero del 2003 y Tito en febrero del mismo año. Vicente y yo nunca nos dejamos de frecuentar, estuvimos cerca uno del otro. Así fue como surgió todo y a nadie le extrañó. Era como una situación que todos vieron que sucedería porque además, no éramos dos extraños, nos conocíamos de tantos años y ya existía mucho cariño, mucha admiración.*

Vicente es una pareja formidable ya que me motiva a hacer mis cosas sola, a viajar sola, es un ejercicio que agradezco mucho y que él provoca en mi vida. Por supuesto, está al tanto de lo que hago, de lo que escribo y si no le gusta o le agrada mucho algo, me lo dice. Resumiría diciendo que es un gran compañero. Llegamos a la vida uno del otro de una manera cálida.

Ya es medio día y salimos al jardín. Al lado de su estudio esta un enorme salón de juegos donde hay mesas de pin pon. *Un regalo de Vicente para sus nietos cuando vienen a Cuernavaca* — comenta— Nos sentamos en unas sillas con cojines de colores, observo a dos gatos a lo lejos y que por ningún motivo se acercan. Sin embargo, una perra adulta está a mi lado sin quitarme la mirada de encima. *Nos gustan mucho los animales a Vicente y a mí.* Pero alguna vez — lo has contado— abriste a un gato. De la escritora brota de inmediato la risa y sus ojos azules adquieren más brillo. *Fue una locura, imagina que eran los días de la infancia, mi vocación de la medicina brotó. Así que montamos mis primas y yo una especie de enfermería en un cuartito donde se guardaban las herramientas. Vivía cerca una señora que era bibliotecaria de una escuela, pero tenía un aspecto temible y la creíamos una bruja. Así que decidimos abrir a su gato. Nos odió por siempre y cada vez que podía nos decía asesinas. Ahora soy incapaz, ahora son mi compañía.*

Ya no hay preguntas, ni grabadora solo conversamos de temas cotidianos como sus viajes por cuestiones de trabajo, del tráfico del Distrito Federal, de la edad de sus gatos y su perra. *De qué cosas te estoy hablando* —señala— con un tono apacible y desahogado. Al caminar hacia la puerta, al término de la entrevista, me muestra el espacio en el jardín donde Vicente Rojo instala todas las piezas que otros escultores le obsequian. *Me gusta verlas ahí, a veces pareciera que tienen vida —concluye—.*

JULIO MARTÍNEZ RÍOS

"Para mí la escritura es algo muy extraordinario, no envidio para nada a aquellos escritores que pueden escribir cuatro o cinco capítulos en una sola noche. Yo encuentro el gran gusto cuando logro cien palabras en el día. Sí, confieso que soy muy tardado, me gusta corregir las páginas, siempre tratando que las palabras tengan cierta musicalidad".

La cita de la entrevista con Julio Martínez Ríos es en la colonia Condesa, ahí se encuentran las oficinas de Puentes, un espacio en la Internet, el cual se dedica a la producción de programas de ciencia ficción, literatura, música y artes visuales. Julio hace el Podscast ***El Cosmos de Bolsillo***, en donde ya es muy conocido su saludo de entrada: *Buenos días, buenas, tardes, buenas noches.* Al entrar a la oficina, pregunto por él y de inmediato sale para recibirme. Voltea a su alrededor, pensando — acaso— dónde podemos iniciar con la charla. Camina unos pasos y ve la cabina de grabación. *Yo creo que aquí estaremos bien* —comenta—, solamente se cerciora de que no esté en uso. A lo lejos se escucha una voz que le indica: *a las cinco, la ocupamos.*

Julio es a primera vista, cualquier treintañero transitando con un libro bajo el brazo o en el caso de él recorriendo en bicicleta las calles de una de las colonias de moda en la Ciudad de México. No sonríe, se mantiene callado, acomoda las sillas y sirve dos vasos con agua.

Trae la barba perfectamente afeitada, lentes de pasta, viste pantalón de mezclilla y playera obscura de manga corta que me permiten ver los tatuajes de uno de sus brazos. El ambiente del lugar hace que sea inevitable no situarlo en el mundo de la radio como productor y locutor. Sus inicios fueron en la estación radiofónica Radioactivo en los noventa. *Aquellos años fueron trascendentes en la radio en México. En la estación Radioactivo, se comenzó a vivir el cambio y la apertura. Las personas que la escuchaban se dieron cuenta del gran impulso que se les dio a grupos como Café Tacvba, Molotov, Control Machete etc. Además, jugamos de una manera muy inteligente con la irreverencia y el humor negro. Vimos que podíamos ser irónicos. Quién no recuerda a* **Los juguetes radioactivos, ofensivos e inhumanos.** *Ahí tenía 21 años y éramos chavos consentidos por la radiodifusora, teníamos el tiempo, el que quisiéramos para crear. Fueron buenos momentos. En esos años hice muchas reseñas de libros y realicé entrevistas a gente del medio musical.*

¿En qué momento te visualizaste escribiendo un libro? *La primera vez que pensé que podía ser escritor fue en un viaje de la preparatoria, donde el objetivo de esa excursión en grupo era hacer un reporte de lo que se había percibido en esa salida. Escribí y entregué algo que no tenía nada que ver con lo que habían pedido. Ese fue el momento. La escuela preparatoria donde asistí fue en La Salle, un lugar que no era el más propicio para alimentar la creatividad, porque son muy conservadores y aburridos. Pero me la pasaba bien, no gracias a la escuela, si no a mi entorno. Tengo que decir que tanto la música como los libros — primero los comics— iban de la mano en mi vida. Mi primer concierto fue el de Metallica, en la secundaria descubrí a los Sex Pistols y en los años noventa quedé anonadado con la música Surf. Con los libros pasó algo similar, mi familia tenía la costumbre de regalar libros, igual mis papás. Pero para mí las historietas, sobre todo las del Hombre Araña y Diabólico, el hombre que no le teme a nada, eran un festín. Por eso sigo pensando que los cómics son una forma muy amigable de acercarse a la lectura. Desafortunadamente los cómics no los encontrábamos con facilidad, teníamos que ir en busca de ellos a los tianguis, porque jamás los hallaríamos en alguna librería. Tanto en la escuela y otros círculos era completamente irrelevante leerlos. Yo no tengo ningún problema en afirmar que fueron una conexión importante en mi proceso creativo. Por supuesto vinieron después compilaciones de autores como Augusto Monterroso, José Agustín, Eusebio Ruvalcaba y después, llegó Julio Cortázar en dos extraordinarios libros de cuentos completos.* Te escuchas distinto en persona que en radio. Tienes una personalidad tímida, supongo que la radio fue una manera de desenvolverte. ¿Y cuándo escribes, qué es lo que sucede? *Te cuento que siendo adolescente estudié teatro, supongo que ahí obtuve cierta formación pero más que nada me divertí demasiado y conviví con mis compañeros, creo que mucho de lo que hago es muy teatral como en la parte de la locución comercial, eres un actor y si me hablas de la escritura, ahí llevo los hilos de quienes viven en la historia del libro que narro y me permito todo. Diría que soy en el oficio de la escritura sumamente extrovertido —ríe—.*

Sin duda su incursión en el mundo de los libros ha sorprendido a un sinnúmero de personas. ¿Pero quién dice que no está permitido? Si volteamos a ver a varios escritores, podemos advertir que muchos de ellos, antes de sentarse a teclear las páginas de un libro fueron periodistas especializados en el área musical. Tal es el caso de Xavier Velasco, quien se dedicó durante muchos años a hacer crónicas de discos. Tal fue el dominio de su hábito musical que en el libro Diablo Guardián (2003) y solo por dar un ejemplo, a la protagonista —Violetta— la asedia durante todas las páginas la canción *The Passenger*, de Iggy Pop. *Sé que muchos suponen que solamente he sido locutor, pero en realidad he colaborado en diversas revistas. Inicié desde muy joven. Tengo doce años escribiendo. Mi primer trabajo pagado fue en la revista Círculo Mixup en 1997, en muy poco tiempo fui redactor en jefe. Pero decidí irme dos años después al proyecto en la radio pública — Reactor 105.7—. Ahí me enfrenté a distintas formas de trabajar. Nada que ver con lo que hacía en Radioactivo, pero aprendí mucho al realizar textos, diseño publicitario, y a trabajar con presupuestos muy justos. Aprecié sobre todo, la importancia que se le debía dar a los contenidos que por ninguna causa podían pasar desapercibidos como: la inclusión o la No discriminación. Al mismo tiempo comencé a colaborar en diversos medios impresos. Fue estando en la Radio Pública, que me buscaron de la editorial Random Hause para hacerme la invitación de escribir un libro de un tema que para nada me gustaba: las tribus humanas. Me negué… no me agradaba. No puedo negar que me convenció — César Gutiérrez— ya que por esos días trazaba* **Yo soy Constantinopla**, *llevaba cerca de 60 cuartillas y así se los dije, que tenía prioridades. Muy sagazmente me propuso también, publicar mi libro después de* **Arde la Calle** *(2010).*

En **Yo soy Constantinopla** (2013) Martínez Ríos, hace que la música pop de dos décadas atrás, sean el hilo conductor de la trama, lo que nos incita a que recordemos a Jordí Soler (1963), quien fue un importante colaborador en estaciones como Rock 101 y que se reveló como escritor. Soler, incluyó en su novela **Nueve Aquitinia** (1999) su debilidad por la música.

¿Sabes que dicen que eres un nuevo Jordi Soler? ¡Nooo! para nada. Con *Jordi voy a estar siempre agradecido por querer compartir su trabajo en las agendas de estaciones de radio donde coincidí con él. Recuerdo muy bien, que cuando salió su libro* **Bocafloja** *(1994) hice todo lo posible por tenerlo, y lo encontré en una librería muy pequeña llamada Súper libros. Imposible negar su influencia.*

Comienzas a escribir en una época donde la tecnología avanza a pasos enormes, ¿qué significa para ti?. *No sé exactamente que responder. Creo que soy afortunado, porque existen muchas maneras y miles de herramientas. Las redes sociales es un ejemplo, porque la escritura resulta ser inmediata.* Recuerda que tuvo la gran osadía de escribir una versión de **Yo soy Constantinopla** en una IPad, pero al llegar a los 50 mil caracteres se comenzó a colapsar. *Nunca me atreví a poner de nuevo en riesgo lo que escribo, pero quedó el aprendizaje. No obstante sigo escribiendo con la tecnología, viendo los programas que puedo usar, es inevitable.*

Julio no habla de procesos creativos establecidos o de una escuela para escribir, si no que ha tenido la suerte de trabajar en diversos medios, lo que ha significado una gran enseñanza. *Experimenté que cuando escribes un libro aprendes el gran proceso de la corrección. La sensación de ensimismamiento, de soledad, de no saber qué hay más adelante en el texto, hace que tengas que seguir, de no poder dejar una vocación tan apasionante.*

Cuando la editorial me entregó las correcciones del libro, lo regresé hasta seis meses después. Para mí la escritura es algo muy extraordinario, no envidio para nada a aquellos escritores que pueden escribir cuatro o cinco capítulos en una sola noche. Yo encuentro el gran gusto cuando logro cien palabras en el día. Sí, confieso que soy muy tardado, me gusta corregir las páginas, siempre tratando que las palabras tengan cierta musicalidad.

¿Cómo es tu día a día en tu espacio, en el que escribes? *En realidad escribo todo el tiempo aunque no esté tecleando, todo lo que leo me sirve para lo que voy contando. Tengo muchas libretas y al mismo tiempo apunto considerablemente en el teléfono. A partir de todo esto cuando me siento a escribir, ya no lo hago en ceros. No hay un lugar predilecto, aquí en la oficina lo hago y también en el estudio de mi casa, pero de repente irme a escribir a un café ayuda mucho, porque si estoy atorado, otros ambientes me ayudan a que la idea fluya. Tampoco existe esa fotografía de un Julio desvelado y ojeroso a las tres de la mañana, no puedo escribir en la noche, requiero de mis horas de descanso. También, tengo dos gatos los cuales son mis acompañantes fieles, pero simplemente porque están dentro de la dinámica de toda mi vida, nada que ver con la idea novelesca de que los que escribimos tenemos como acompañantes a los gatos.* ¿Imposible que la música no esté cuando escribes? *Sería irrisorio, pero se conecta de otra manera conmigo, no me concentro en ella porque si no abandono parte del texto. Escucho de todo, me gusta oír discos nuevos, pero cambio rápidamente a música que ya conozco, así no hay distracción.*

El mundo de las editoriales, no es tan rápido como el de la radio, ¿Te desesperaste? *Es muy distinto, lo sentí más con la novela. La entregué y entonces se hizo un silencio enorme. No recibí un correo que por lo menos me dijeran que no les gustó. Insistí para saber qué era lo que sucedía. También, tenía en claro que yo no era una de sus prioridades. Indudablemente sabes que tu libro está en una editorial grande y eso habla de que la distribución será mayor. Pero de la misma manera, me queda claro que tampoco para las grandes librerías soy un gancho de venta. Por eso decidí abrir mi tienda virtual, donde le doy un plus al libro con una serigrafía que en ningún lado van a poder obtener. Obviamente por ese valor agregado tienes que invertir dinero, el cual no es mucho pero si es importante en el bolsillo de quien lo hace.* El escritor revela que si algo no le gusta porque son tediosas y aburridas, son las presentaciones de libros, por lo que decidió hacerlo de una manera distinta. *Andrés Vargas, subía al estrado con su guitarra eléctrica y comenzaba a tocar varios acordes, después entraba yo leyendo las primeras hojas del libro, todo en tonos a media luz y humo de color rosado. La verdad no sé si le gustó a la gente, pero por lo menos los primeros cinco minutos se asombraron aunque sea un poco.*

Si existen manías en la vida de Julio es la de comprar muchos libros, aunque reconoce que a veces la falta de espacio no permite tener todos los libros que se desean, sabe que es imposible tener enormes libreros con infinidad de entrepaños. *En mi caso hasta hace muy poco vivía en un sitio muy reducido y era imposible tener una gran cantidad de libros. No puedo negar que adquirir un libro electrónico te ahorra espacio y en ocasiones cuando tienes que adquirir un ejemplar de manera inmediata, el libro electrónico es el mejor recurso. Además, los libros se van convirtiendo en piezas artesanales, algo muy parecido que en el ámbito musical. A mí, me apasiona tener el CD, ver quién diseñó la portada, qué es lo que puedo encontrar al abrir la caja. Lo mismo sucede con los libros, es un gusto muchas veces culposo, no importa el tiempo que tardes en encontrarlo, el dinero que te cueste con tal de tener el ejemplar. Sí, yo soy uno de esos felices lectores con un libro en la mano.*

Ya son más de las cinco de la tarde y Julio sabe que están a punto de entrar a grabación. Los dos salimos y en el vestíbulo terminamos la entrevista. Ahora sonríe, ya no se torna silencioso ni introvertido. Al tomarnos las fotos contesta la última pregunta en un tono desahogado. ¿Qué lees, qué ves, cuando no hay nadie? *En éste momento estoy impresionado con el escritor japonés Natsume Soseki y ahora lo leo. También, me gustan las series. Soy normalito, no existen poses. Así no provoco decepciones, si te leen y te escuchan es por voluntad propia y con todos sus riesgos.*

ÁNGELES MASTRETTA

"Tengo una gran debilidad, desde que tenía 20 años, el hablar y preguntar cuánto cuestan las casas y departamentos que veo en renta y que a mí me gustan. Hay veces que los visito, y me entero de cada cosa. ¿Eso también es una manía?... tómalo como quieras, pero también me encanta".

Ángeles Mastretta no sabe que responder de manera inmediata cuando le hago la propuesta para que indague en su memoria y me cuente cuáles son sus manías y costumbres como escritora. Su asombro lo noto en el tono de su voz. A pesar de ello, acepta y solo pide unos días para organizar su libreta de citas ya que además, tiene un viaje pendiente que realizar. Pero promete llevarse con ella tal interrogante. Porque jamás, de una manera tan directa se lo habían cuestionado.

Pasaron varias semanas para que llegara el día en que Mastretta me recibiera en su casa. Una de las sorpresas para mí, fue que ella contestó el interfón y abrió la puerta. No me lo esperaba, fue como si todos los personajes, los de miradas fuertes y voz de mariposa me estuvieran recibiendo. Caminamos por el garaje sin cruzar la sala y el comedor ya que había un equipo de fotógrafos poniendo lámparas para una sesión de fotos de una revista. En el pequeño trayecto, explica que las fotografías no le gustan y que se desenvuelve mejor en televisión. Se excusa, pues aunque despertó con el planteamiento de la entrevista no tiene todavía la idea clara de lo que va a responder. Como si fuera su cómplice, me toma de la mano y con una voz muy fina me comenta. *Te voy a llevar a un lugar, que no está terminado, pero creo ahí las ideas me tendrán que caer del cielo.* El sitio del cual hablaba es su estudio, efectivamente estaba inconcluso. Las paredes —en esos días— estaban recién pintadas en tonos celestes y en una de ellas había varias repisas donde se encontraban las fotos de sus dos hijos. Para llegar a su pequeño escritorio debíamos subir una escalinata de madera. Al llegar a la parte superior había un pequeño escritorio y su computadora portátil. Al lado de ella una colección de lentes. *Todos tienen su uso, estoy ciega y sin ellos no podría trabajar, tengo para ver de lejos, para ver de cerca, para trabajar en la computadora, y otros más para salir a caminar todas las mañanas. Eso es imprescindible, el caminar antes de sentarme frente a la computadora.*

Me invita a sentarme junto a ella y dice que si algo tiene muy claro son sus miedos. *Son muchos me tardaría en enumerarlos, pero hay uno que me produce mucha risa y es el de tener un amante. ¿Un amante del cual te enamores? ¡Enamorarme¡ no. Yo estoy enamorada de mi marido, simplemente tener un amante.* Fuiste antes de ser escritora, periodista. *Sí, pero no era buena porque los periodistas van de la mano con la realidad y yo soy una seguidora incondicional de la ficción.* Mastretta recuerda sus años de escuela cuando Julio del Río, su profesor, la ponía de ejemplo con sus compañeros porque nadie había podido obtener una entrevista con un gobernador. *Mi profesor decía, ustedes fueron a entrevistar al jardinero, a la cocinera, y miren a Ángeles, consiguió la entrevista.* La realidad era que ella, se había sentado enfrente de su máquina de escribir y había inventado completamente toda la entrevista. Pero se empeñó en hacer periodismo sin importar que el escritor Gustavo Sainz, le dijo que su vocación era de escritora y no de periodista. *Y es que no tenía dinero, ¿cómo de repente solo me iba a poner a escribir?* Pero por que el destino siempre la ha acogido tuvo la oportunidad de escribir una columna que llevaba el nombre "Del absurdo cotidiano" en el periódico Ovaciones, por diez años. *Ahí, la ficción, mis fantasmas y el de los demás cabían perfectamente. ¿De dónde nació el amor por la escritura? Indudablemente de mi padre, él escribía mucho y no vivía de ello. Con el solo hecho de que lo leyeran era inmensamente feliz.*

La escritora comienza a ordenar varios libros que están en el piso, entre ellos algunos de Jane Austen, Jan Dinesey y de Sor Juana Inés de la Cruz. *Son mis guías, ellos siempre conmigo,* confiesa.

Dejamos el sitio donde Mastretta imagina y de nuevo se pregunta sobre sus manías, pero confiesa que más que eso, son necesidades. Comienza a enumerarlas, apunta que no puede escribir con música que contenga letra. *Me la tengo que saber de pies a cabeza. Chapín es uno de mis predilectos, es que si no me entretengo descubriéndolos lo cual también es un deleite, pero me desconcentro.* A veces, se tienen obsesiones y no las aceptamos, —afirmo—. Ella me mira y comienza hablar de sus obsesiones y pareciera que quiere excusarse. *Todo ser humano las tiene... ahora me ha entrado una gran obsesión por el tiempo, pero no por el que ya se fue, sino por el que me queda.* La autora de **Mal de Amores**, se imagina a los 90 años una anciana divertida y alegre. Asegura que todo le ha pasado en la vida, contando con muy malos ratos, pero jamás se ha aburrido. *Por eso, cuando sea una viejita aunque me duela todo el cuerpo, voy a ser divertida para que mis nietos e hijos no se aburran al visitarme. Trataré de ser una excelente conversadora.* —ríe—

De pronto interrumpe la conversación, revisa una pequeña agenda y me explica que tendré que ir con ella, *creo que vas que escapar conmigo.* De manera inesperada toma su bolso y caminamos a toda prisa hacia el garage. Su chofer tiene el auto encendido y listo para arrancar. *Espero no te importe el no haberte avisado, pero así vamos platicando en medio de éste tráfico. Y es que soy muy mala para llevar una agenda y tengo la mala fama de poner dos entrevistas a la misma hora.* La cita es en una óptica de Polanco, debe tomarse varias fotos con distintos modelos de anteojos, para una campaña de lectura. Al llegar el gerente de la sucursal la recibe y le comenta que ya tiene seleccionados varios armazones de anteojos, de acuerdo a las indicaciones que ella anteriormente les había dado. La mayoría de ellos, son armazones de colores rojos y negros. Mastretta, se emociona y pregunta el precio de cada uno de ellos. Quiere hacerme cómplice y me dice *¿Estás de acuerdo que tengo que llevarme uno, no por vanidad sino porque fueron escogidos para mí?* No afirmo ni niego nada, pero ella da por hecho mi aceptación. Selecciona uno modelo y entrega a una empleada una tarjeta bancaria, mientras le toman varias fotos simulando que lee un libro. En un descanso, va hacia su bolsa y saca de ella un diminuto espejo. *Creo que habrá de repetir las fotos, miren mis ojeras,* comenta al fotógrafo. Uno de los asistentes de la producción le explica que no debe preocuparse, ya que se harán retoques. Queda convencida. De regreso a su casa se le nota callada, comenta que tiene un gran un sentimiento de culpa. *Creo que fue mucha vanidad, el haber comprado el armazón y más pensando en todo lo que he gastado en renovar mi estudio. Pero no pude evitarlo. Verdaderamente eso debe ser un capricho de una loca como yo, y no una manía de quien escribe* —confiesa—.

El tráfico es intenso, no hemos avanzado más de un kilómetro en 15 minutos, lo cual es una ventaja. Mastretta, comienza a hablar de sus hijos. *Ellos —dice—, Catalina y Diego, han estado siempre presentes en la escritura, muchas veces han sido el pretexto para tomarme tiempos de soledad y poder escribir. Más cuando eran niños pequeños. Porque es muy difícil ponerte en frente de la computadora y decir hoy voy a escribir, voy a corregir, voy a crear, porque te distrae el ruido del auto, la palanca del baño. Por ejemplo, yo logré que la cocina quedará lejos de donde escribo, porque los olores me remontaban a mi niñez o sino, pues me da hambre y me levanto a prepararme algo, aunque sea a comerme alguna fruta. Y entonces pierdo toda conexión.*

—Por ello decidió que el estudio estuviese lejos de la cocina, por lo menos un pasillo que los dividiera. *Quien más te distrae, es tu memoria que hace que te acuerdes de cosas más tangibles. Tienes que distraerla, y meterte al mundo impalpable en el que nadie cree, ni acepta hasta que lo ve estampado en un libro y claro, tampoco es garantía.* Inevitablemente, los personajes de sus libros entran en la conversación, revela que sobre todo las figuras femeninas deben o debieron existir en alguna parte del mundo, y ella solo los moldeó un poquito, pero no les quita ni lo desatados y mucho menos lo inaudito de su ser. Porque para quien vive en la literatura, la locura es una cualidad, no un problema que se trata en un psiquiátrico. ¿Después de varios libros publicados, porqué escribes? *Ni por vender muchos libros, mucho menos por la fama, creo que es por aclarar mis dudas, por excusarme de mis locuras. ¿Para salvar personas? Sí, pero nunca del amor.*

La lluvia y el tráfico, nos abandonaron. Al pasar por un edificio donde hay varios departamentos en renta dice, *tengo una gran debilidad desde que tenía veinte años, es el hablar por teléfono y preguntar cuánto cuestan las casas y departamentos que veo en renta y que a mí me gustan. Hay veces que los visito, y me entero de cada cosa. ¿Eso también es una manía? Tómalo como quieras, pero también me encanta.* No hablamos mucho en lo que falta por llegar a su casa. Comenta que preferiría evitar la sesión de fotos. Me invita a quedarme y acepto. Poco habla con los asistentes de la revista, pero obedece todas las indicaciones. Cuando termina la sesión y me despido, pide que me espere en lo que va por algo para mí. Regresa con un ejemplar de su libro **Arráncame la vida** (1986), *léelo, aquí descubrirás como sí, libero a mis personajes sobre todo del hartazgo de lo cotidiano.* Me da un beso y se pierde en el pasillo que divide a su estudio de la cocina.

MÓNICA LAVÍN

"Cuando escribo cuento, lo cocino primero en la cabeza, después lo más difícil es el arranque, me refiero a la primera línea. Para la novela, lo que se necesita es la idea inicial y un pequeño argumento".

A los nueve años de edad, Mónica Lavín tuvo como casa una isla donde moría de sed y como único amigo tenía a *Viernes,* al igual que Robinson Crusoe. Las horas eran eternas y los días pasaban más lento de lo normal. En aquellos días enfermó de hepatitis y el libro del escritor inglés Daniel Dafoe fue la única salvación que encontró para no morir de aburrimiento.

La escritora sonríe añorando también los días en que junto con su hermana y amigas montaban obras de teatro y donde ella tenía como gran labor hacer los guiones. Recuerda cuando comenzó a escribir una especie de novela y cómo sus amigas más cercanas esperaban el último capítulo cada semana para que Lavín se los contara. Fue en ese momento cuando se dio cuenta que tenía el talento de hacer historias que exaltaban las emociones de quienes la escuchaban. Pareciera que la escritora se queda por algunos instantes en los tiempos infantiles. *Después vinieron otros libros, regalos de las tías, fue ir adentrándome a éste mundo literario sin darme cuenta.*

Mónica Lavín indudablemente es una figura esencial en la literatura mexicana actual, dueña de una pluma suspicaz en cualquier texto que escribe, por lo que no tiene la menor duda que el camino de la literatura fue el mejor que pudo haber tomado, sin importar que su formación fue en el mundo de la ciencia, teniendo como profesión la biología. Pero esos años ya pasaron, ahora se ve envuelta en un mundo distinto y muchas veces silencioso donde todos los días tiene la misión de ir erigiendo historias.

El lugar donde escribe está lleno de varios tonos verdes por los árboles de la calle que entran por una diminuta terraza de su departamento y por el blanco impecable de sus paredes. Al lado del ventanal se encuentra su mesa de trabajo y encima de ella hay libretas, algunas plumas, hojas con varias anotaciones se hallan ahí, esperando ser – probablemente– parte de alguna historia.

La escritora describe que su día de trabajo comienza desde muy temprano y como adicta a la cafeína y sin pretexto alguno, lo primero que hace es servirse una taza de café. Después, puede pasar lo que sea.

Entre los tonos cálidos en su casa—estudio, hay un elemento de color contrastante —el rojo— que para ella es esencial en el momento de la reflexión, hablamos de un sillón donde se sienta a estructurar algún texto o a poner en orden sus ideas. *Siempre me ha obsesionado este color, es vida.*

Las voces de dos jóvenes mujeres se escuchan en la parte superior del departamento. Mónica alza los hombros y dice que su espacio lo comparte con sus hijas, donde trata de no coincidir con ellas, para que ninguna de las tres se sienta invadida. Las dos bajan haciendo varios cuestionamientos cotidianos a su mamá, ella les sonríe y con la mirada les indica que está en una entrevista. De manera inmediata dan los buenos días y se retiran sin dejar de hablar entre ellas. Lavín suspira aliviada y regresa a nuestra conversación.

El destino hizo que regresara a vivir al sur de la ciudad, en Coyoacán. Parte de su infancia la vivió en esta colonia. La primera idea que se les vino a la mente fue el comprar el departamento contiguo, para que en el solamente estuviera su estudio. Pero no se pudo concretar la idea. *Más adelante, estoy segura de que podremos tener nuestro propio espacio.*

Lavín, recuerda que sus primeros textos fueron con pluma, en ratitos y en cuadernos de la marca *Escribe*. Buscaba eso sí, el modelo que más le gustara, la hoja donde mejor corriera la tinta. Aun cuando su laptop es ahora donde escribe, su obsesión por las libretas de todos los tamaños y los tipos de papel no la ha perdido. Relata que es todo un festín el seguir escogiéndolas, buscarlas en cualquier tienda y sí, reconoce que es un gusto del cual a veces se arrepiente. Por otro lado, agradece mucho el que la tecnología en los últimos años haya tomado gran importancia. La computadora le ha brindado otra visión, la cual tiene que ver con la tipografía y la idea visual del texto. Indudablemente le gusta ver como sus palabras van tomando forma al ser plasmadas en la hoja blanquísima del monitor. Cuando tiene los elementos imprescindibles para comenzar a escribir, hay otros que no deben de estar cerca de ella, como los periódicos o el Internet, porque entonces es muy fácil que quiera ver su correo electrónico, pues para ella es una sensación terrible el negarse a la invitación del diálogo, al no contestar sus correos. Lo único que siempre la acompaña es la música, siempre y cuando sea Instrumental. *A lo mejor para el arranque, pues después se me olvida, ya que cuando tengo un respiro me doy cuenta de que no está.*

La biología, quedó solamente en sus recuerdos, pero explica que mucho de lo aprendido, de lo vivido, se ha visto reflejado en muchos relatos, cuentos y novelas. *Los numerosos viajes a la república mexicana, el conocer su esencia, la gente que habita cada región es algo que le tengo que agradecer a la formación profesional que escogí, y que me ha servido para escribir y describir lo que me rodea y han visto mis ojos.*

Mónica Lavín es una mujer franca que se apasiona cuando habla del oficio de la escritura. Expresa sus emociones con los movimientos de sus manos que se combinan con su extensa sonrisa. En la plática se remonta a los años en que soñaba con ser basquetbolista y en otro momento bailarina de flamenco. *Ahora estoy segura que no soportaría jugar básquet, provocaría pena.* Agrega que en la escritura no existen límites para cumplir lo que desees, puedes amar, odiar, cantar... matar si es preciso y te lo dicta el corazón y la pluma.

También, le queda claro que el trabajo como escritora es cuestión de imposición personal, por eso para ella es vital ponerse fechas de entrega para si misma. Cuando habla del cuento y la novela comenta que los trabaja de distinta forma pues son dos ritmos distintos los cuales hay que respetar para poder lograr un buen resultado. *Cuando escribo un cuento, lo cocino primero en la cabeza, después lo más difícil es el arranque, me refiero a la primera línea. Para la novela, lo que se necesita es la idea inicial y un pequeño argumento.* Para los dos géneros —agrega— todo lo que se va viviendo, lo que va pasando como creadora influye. *Todo se incorpora a tu historia y es para ella, el motor que va generando ideas.*

Añade que toda circunstancia se debe aprovechar; una gran experiencia al respecto fue la realización de su primer libro de cuentos: **Cuentos de desencuentro y otros** (1986) que terminó cuando su primera hija estaba recién nacida. El espacio doméstico le permitió la concentración ideal para poder acabarlo. *Los recuerdos se sitúan entre el teclear de la máquina de escribir, el sueño profundo de mi hija, el silencio de los días, el llanto y el cambio de pañales.* Mónica deja ver sin ningún recelo lo que es ella como escritora, muestra su escritorio y va explicando con detalle cada objeto, los libros y el cómo están organizados en los peldaños de los libreros, alguna fotografía, los objetos de decoración, muchos de su color predilecto. Las tazas de café han sido servidas varias veces durante la conversación. La autora de **Café Cortado** (2001) **y Yo la Peor** (2009) comenta que quien decide escribir no puede dejar atrás la investigación y se tiene que andar detrás de las pistas que dibujen los personajes y sentir los lugares, respirar la tierra, comer su comida y a veces hasta enamorarse un poquito. Al final de la entrevista, Lavín confiesa que tiene un lugar más íntimo donde va dejando sus notas y sus libretas de apuntes – una para cuentos y otra para novelas– Ella lo llama su *refugio,* aquel que utiliza cuando el departamento se llena de amigos de sus hijas. Subimos las escaleras angostas y entramos a su habitación, allí al lado de una ventana se encuentra una pequeña mesita, con cuadernos, libros y apuntes. Se sienta en una esquina de su cama y concluye la conversación comentando. *A veces, lo menos importante es el lugar. Lo único real hasta hora, en todo lo que he vivido en este pasar por el mundo de las letras es que jamás he vivido de lo escrito, pero sí, de la palabra escrita.*

Después de algún tiempo de haber realizado la entrevista a Mónica Lavín, me enteré que había encontrado el lugar idóneo para tener su estudio, ubicado en los mismos edificios del lugar donde vive. Se trata de un departamento pequeñísimo, y donde al parecer vivió y seguramente escribió el escritor Jorge Ibargüengoitia. Definitivamente hay extraordinarias casualidades y Mónica Lavín se merecía esta.

MARIO BELLATIN

"Mira, esta es una de mis grandes manías: los perros... toda persona que me viera, pensaría que me encantan estos cuadrúpedos, más cuando tengo en la cabeza la posibilidad de adquirir otro más".

Mario Bellatín construyó un paraíso donde todo es permitido menos el renunciar a la escritura. El lugar donde vive es una extensión de su pensamiento, hay libros abiertos al paso de quien camine por su casa, pero pareciera que están ordenados para que quien avance no se tropiece con ellos y además, se detenga a querer descifrar dónde se encuentra el enlace entre uno y otro. Bellatin, al parecer no se percata de mi desconcierto o a lo mejor sí y le entretiene observarme absorta en tratar de descubrir las pistas de aquel laberinto.

El escritor viste un pantalón negro y una camisola holgada del mismo color, en lo que vamos caminando me dice que el calor es muy fuerte y que a esa hora prefiere mantenerse en su casa. En una habitación de paredes color beige y enormes cojines de colores contrastantes acomodados al ras del piso, es donde iniciamos la charla. *Te parecerá extraño, pero desde muy pequeño me aficioné o tenía —por llamarlo de alguna forma— el compulsivo deseo de leer todo lo que estaba a mi alcance, llámese caja de cereal o el recibo de la luz.*

Fue años después al ser un adolescente cuando llamó la atención de su familia al encontrar en el sótano de la casa donde vivían, una máquina de escribir Underwood del año 1915, destartalada y olvidada por todos y que en algún momento le perteneció a su abuelo. Él no sabe si la creyó un tesoro exhumado o nació un simple deseo de arreglarla sin ningún fin en específico. Sus padres no concebían su obsesión por aquel armatroste, en el cual su hijo quería gastar dinero que ellos no tenían. Los días siguientes fueron una tortura porque además de ajustar las teclas había que encontrar la cinta de un solo color y hacer que el rodillo funcionara sin trabarse al teclear. *Si supones que mi prisa por arreglarla era para comenzar a escribir algún relato, para nada. Tenía que ver con el olor de la tinta, con el olor del papel al pasarlo por el rodillo. Era de nuevo comenzar a copiar todo lo que estaba a mi alcance, después pasé a la etapa de repetir y repetir lo que se me venía a la mente o lo que leía. ¿Recuerdas la película de El Resplandor?, aquella escena en que Jack Nicholson, escribe incontables veces la frase **all work and no play makes Jack a dullboy,** te podría decir que lo entiendo — al personaje— porque el oficio de escribir se convierte en algo patológico.*

No sabe en qué momento se dio cuenta que solo vivía para escribir, tal vez cuando tenía los diez… o los once años. A lo mejor solo existía la simple idea de crear vida, una vida alterna, pero no como un mundo perfecto sino tal vez uno pavoroso donde se descubre la realidad. Lo que sí tenía resuelto era que la escritura se vivía de tiempo completo, lo cual provocaba no tener una vida propia, donde no había cabida ni un resquicio siquiera de tiempo libre. *Era como dormir, hacer dos o tres cosas y escribir y escribir, al grado de no tener dinero, o de vivir de lo que fuera.*

Apunta que no fue fácil que su familia lo entendiera y no existe ningún reproche porque sabe que sus papás eran demasiado convencionales. *Mi papá se iba todos los días a trabajar, mi mamá se quedaba en casa y por las tardes veía telenovelas.* En ese orden, a él le tocaba ir a la escuela y jugar en las tardes sin llamar en lo más mínimo la atención. *Pero estoy seguro que el tecleo de aquella máquina se escuchaba en toda la cuadra y más de uno siguió la pista del sonido, hasta llegar a mi casa.*

Al escucharlo es imposible no percibirlo como un personaje ficticio y que únicamente él pudo haber creado. El también cineasta y fotógrafo, nació sin el brazo derecho y toma tal realidad con mucha ironía. Las anécdotas al respecto siempre vienen de su niñez como cuando habla de los años en la secundaria: el director del colegio cada vez que contaba a sus compañeros de clase, completaba la frase **"y medio"** cuando llegaba enfrente de él. Usó durante mucho tiempo una prótesis, más por el deseo de su familia de pasar hasta cierto punto inadvertido. Pero había algo que no le permitía estar tranquilo al traerla siempre con él. Sabía que no la requería, que podía lograr hacer más cosas sin ella. Fue mucho tiempo después, cuando al viajar a la India y al ver tanta gente sin alguna extremidad decidió lanzar la prótesis al río Ganges. Pasaron dos años para que volviera usar otra. En esta ocasión lo hizo de otra manera, con una visión artística, convocó a varios diseñadores y les pidió que le diseñaran varias prótesis, fue el momento en que dejó de ser un aparato ortopédico para convertirse en un artefacto artístico.

En el transcurso de la entrevista dos perros de raza galgo italiano lo buscan pidiéndole alguna muestra de cariño, se le suben a sus piernas y se le acorrucan. *Mira, esta es una de mis grandes manías: los perros... toda persona que me viera, pensaría que me encantan estos cuadrúpedos, más cuando tengo en la cabeza la posibilidad de adquirir otro más.* Revela que durante toda su vida lo han acompañado. *Tengo que tener perros, y va más allá de las razones externas y comunes.* En ese momento es cuando duda el gusto por sus compañeros de todos los días, que están en su rutina diaria en la cual trata de justificar sus existencias al lado de él. *La imposición médica de caminar todos los días, no la lograría sin ellos, jamás caminaría tanto.*

Bellatín, retorna a los años cuando estudiaba su último grado en la Universidad de Lima y de cómo escribió su primer libro, **Mujeres de Sal**, (1986). No tiene ninguna duda de que ha sido el libro más vendido en un lapso de tiempo muy corto. *Yo no era un escritor ni remotamente conocido. Sabía que el tema de la edición de un libro era el tener que invertir un dinero que no tenía y me las ingenié.* Vendió una especie de impresos en colores llamativos, quien adquiriera uno de estas papeletas estaba comprando un ejemplar del libro a mitad de precio. *Por lo tanto, antes de que el tiraje de mi libro estuviera en la imprenta, ya tenía más de 800 ejemplares vendidos.* La plática nos lleva a saber lo que piensa de las Universidades, explica que lo importante y trascendente no sucede en los salones de clase sino en los pasillos, por eso decidió explorar otras rutas y se anotó a algunas materias de la carrera de teología vario tiempo después, se fue a la Habana para estudiar cine. Sin embargo, sus escenarios reales están en el lenguaje de la escritura. Sabe y no le importa que hay quien lo cataloga de parlanchín, de neurótico y cuando le va bien en los comentarios lo llaman escritor de culto. Pero no hay duda de la gran importancia que tiene en el mundo de la literatura. Un ejemplo de ello, es su novela **Salón de Belleza** (1999) elegida en el año 2007, por escritores y críticos entre los mejores 100 libros en la lengua castellana, en lo que se refiere a los últimos 25 años. Bellatín no se inmuta. Solo se dedica a la escritura donde hay textos que escribe y que son muy distintos entre sí, pero en absoluto pierde la esperanza de que se entretejan en algún momento.

El escritor pregunta si deseo conocer su casa, accedo y en lo que vamos caminando me cuenta sobre sus manías más simples como el que siempre escribe al lado de la cama y en su mesa de trabajo —sumamente pequeña— no pueden faltar; el celular, el diccionario de sinónimos y antónimos. Los cuatro — sus dos perros nos siguen como guardianes— entramos a una habitación donde hay varias computadoras, ahí me explica que la tecnología llegó tarde a su vida, exactamente en 1995 y que adquirió su primera máquina de segunda mano. Reconoce que para él fue descubrir la luz al fondo de la obscuridad. Se dio a la tarea de comprobar si todo lo que se decía de ella era cierto, *la gran tecnología, las facilidades sobre el poder corregir textos*. No sabe si eso lo apasionó, pero lo que es un hecho es que tiene con él tres computadoras y además, reconoce ser fanático no del Internet sino del correo electrónico. Aún así, evoca aquella *máquina espantosa* con tinta de tela, que más de una vez lo detenía para girarla y poder continuar escribiendo en esas páginas blancas enormes donde no dejaba ni un espacio en blanco. La nostalgia se diluye en cuanto entra una llamada a su celular. La entrevista culmina, una editorial lo ha buscado toda la mañana y él apenas ha contestado. Era momento de que Bellatín siguiera hurgando en sus silencios.

Hace poco tiempo leyendo la sección de cultura de un periódico, me detuve a leer una pequeña entrevista que le hacían a Bellatín por su último libro **El Hombre Dinero** (2014) fue para mí sorpresa saber que la había escrito en su IPhone y en una app *Notas*, y que además, afirmaba que la computadora portátil la consideraba ya, una máquina pesada. No pude evitar sonreír al imaginarlo escribiendo seguramente con una apetencia de no parar. Indudablemente la escritura no tiene límites ni prejuicios para él.

EUSEBIO RUVALCABA

*"Sé que es una sangronada pero no puedo. Tienen que ser plumas MontBlanc,
Parker, Sheaffer's. De verdad, la mano se te atora con plumas corrientes".*

Eusebio Ruvalcaba vive en un mundo que ha creado con sus fantasías
inconfesables. Allí él decide si la luz del sol entra por la puerta angosta
de lo que era antes el cuarto de servicio de su casa. Su primera vista de
todos los días son las jaulas de los tendederos y el sol fatigante secando
las prendas. En ese espacio nadie critica las repisas que van acumulando
polvo, ni los objetos exiliados de su casa y que ahora forman parte de
su área de trabajo. Un minicomponente, adornos sucios, papeles varios,
todo tiene cabida. *Este es el lugar de los triques, así me gusta, aquí estoy solo, nadie
me molesta, no hay teléfono, no hay Internet... entre más cochino mejor, nadie mete mano,
solo yo.*

La diminuta mesa donde escribe no tiene ningún valor afectivo,
pero la terminó defendiendo de las manos de su esposa para que no la
vendiera un ropavejero. Eusebio se sabe omnipotente en la azotea ya
que le brinda una perspectiva distinta que ningún otro lugar es capaz de
ofrecer. *Ves las casas, sabes que ahí viven personas, miles de historias que me inspiran
para contar algo.*

El escritor acerca una silla para que me siente. Enfrente de mí,
encima de la mesa se encuentra una enorme libreta con apuntes ilegibles
a primera vista. Ruvalcaba, toma una botella de vino de otro mueble y
en un vaso desechable se sirve vino. *Prefiero el vino tinto, cualquiera, claro que*

no sea Padre Quino o Calafia, me gusta escribir así. El alcohol, *es imprescindible,* —señala— ya que a través de él se acepta y sobre todo se sobrelleva a sí mismo, y vive de forma distinta escenarios y sensaciones impensables que desentierra de lo más inescrutable de su ser. Otros de sus espacios elegidos y que visita de manera periódica son las cantinas, dos de ellas sus preferidas, **La Invencible** y **La Camelia** que están situadas en el barrio de San Ángel, lugares ideales para beber, escribir y leer. Allí de igual forma, encuentra a los personajes más irreverentes, los preferidos por él, aquellos que emergen desde las entrañas que no indultan a nadie, que son violentos, porque antes que nada el escritor es ser humano y como tal se pierde en el abismo de las agitaciones de la memoria sin retorno alguno.

Por otro lado, revela que en varias ocasiones como andamio para comenzar a escribir ha utilizado las vivencias propias. *Después y poco a poco en varios de mis libros— no en todos— la imaginación se desdobla y todo comienza a fluir.*

¿Escribes en estas enormes libretas? Sí, y las voy guardando, sin importar que esto signifique que muchas ideas se pierdan en tanto papel. Sin embargo, la sensación vertiginosa de cómo se van armando historias las percibe como un deleite en la narrativa de manera más personal. *Me refiero a la sucesión de las líneas escritas y esto sólo lo logro escribiendo a mano.* Sin importar que se corre el gran riesgo de perder mucho de lo escrito en el proceso de acumulación de papel. Añade, que si usa un tipo de libreta específica, no puede escribir con cualquier pluma. *Imposible escribir con plumas corrientes. Sé que es una sangronada pero no puedo. Tienen que ser plumas MontBlanc, Parker, Sheaffer's. De verdad, la mano se te atora con plumas corrientes.* Su horario de trabajo, comienza después de un paseo matutino, de nueve a dos de la tarde. El siguiente paso es vaciar todo lo escrito en la computadora. Pero eso ya lo hace en su casa, rodeado de libros, de varios diccionarios y de elementos que lo unen con su gusto por la música y la poesía, entre ellos una colección de violines y de fotografías que tiene que ver con su padre —Higinio Ruvalcaba— uno de los violinistas mexicanos más destacados de nuestro país *¿Por qué no te dedicaste a la música como tu papá? Si bien es cierto, tengo las cualidades como el sentido del ritmo, la facilidad motriz y la memoria musical, sé tocar el piano y el violín, pero nunca conté con lo principal, que es*

la vocación. Por ello opté por el camino de la melomanía. No obstante, el apego a la música lo ha hecho dar clases de apreciación musical y de escribir del tema, con la mayor convicción de que si en su vida no estuviera siempre presente la melodía su existencia sería irrelevante y no tendría sentido alguno.

La memoria deja que los recuerdos de la niñez emerjan en la conversación y sin duda alguna, el hombre que lo crio está presente, aquel *macho* incapaz de preparar algo de comer y que solo entraba a la cocina para sacar un bistec del refrigerador, ponerle sal y limón y después comerlo. Como también, verlo tocar el violín con su madre al piano y que solamente hablaba de automóviles y de box, pero que le regaló la música como tatuaje para el alma. Revela que cuando escribe, la música es independiente y que puede hacerlo simplemente escuchando una estación de radio. *Eso sí, Carlos Chávez ni para leer ni para escribir. Su música pone mis nervios de punta y pierdo la concentración de manera instantánea.*

¿Se vive de escribir libros?

Se vive de la palabra escrita, de organizar talleres, aunque no me gusta para nada, de coordinar charlas en librerías, de ser columnista, de hacer prólogos y ya por último vas y cobras las mínimas regalías que te deja escribir un libro. Eusebio reconoce que se topó con la vocación de escribir muy tarde. Primero decidió estudiar la Licenciatura en Historia con el objetivo de tener una cultura sobresaliente. No fue la decisión adecuada, a mitad de la carrera descubrió su verdadero gusto en la vida. Fue *de golpe*, él ya tenía familia, esposa e hijos. *Un día llegué y le dije a mi mujer, mañana ya no voy a la universidad.* En ese momento, se tuvo que enfrentar muchos desafíos, pues no tenía la menor idea de cómo se ganaba la vida alguien que se dedica a escribir. Recuerda que apenas tenía unos poemas de amor guardados. Además, no era un lector asiduo. *Ahora mismo mi lista de libros favoritos asciende a 50 títulos.*

Pero lo que tenía plenamente resuelto y era lo que la sangre a punto de salir de su cuerpo le dictaba: él, no se dedicaría más que a escribir a partir de ese momento.

Eusebio asevera que por su llegada a la literatura de manera *imprudente* y de *sopetón*, muchas veces sus juicios pueden llegar a ser torpes o sin forma respecto a la literatura, *la expresión literaria para mí, es lo que pienso y lo que siento y de ahí siempre parto.* Pero tuvo la suerte de tener como maestro al escritor americano George Hal Bennett. Ruvalcaba era becario en los años setentas en el Centro Mexicano de Escritores. Un día Hal Bennett quien daba clases en ese recinto, lo esperó al final de una clase y sin emitir un saludo alguno, le dijo que ya había leído varios textos donde había visto varios errores y que solo él, podía ayudarlo a escribir mejor. *No puedo negar que teníamos una pésima relación como seres humanos. No tenía compasión por mis textos, los desmigajaba, los destruía, dejándome tumbado en una esquina, pero definitivamente aprendí demasiado de él.* Si hay que hablar de personajes representativos en la vida de Eusebio sin lugar a duda, se encuentra el escritor Juan Rulfo, el cual conoció a edad tardía en una librería de libros usados en la colonia Tacubaya, ahí fue donde encontró a Pedro Páramo, supo de inmediato que tenía mucho que aprender por medio de un libro. *A Rulfo lo conocí en el mismo lugar donde a George Hal, no puedo negar que mi interés máximo por obtener la beca era por conocerlo.* Su relación no fue cercana. No lo vio más que en el horario de 5 a 7 pm, todos los miércoles. Si algo apreció de él fue a través de su mutismo. *Del silencio también aprendes, por lo menos a cerrar la boca sino tienes realmente algo importante que decir. No aprendí ninguna técnica, nada que me llevara al punto del éxtasis en su clase, todo llegó a través de sus libros.*

El vino se terminó y Eusebio me invita a su casa en el primer piso. En ella reina el orden, no existe el caos. Al fondo se encuentra la computadora de Ruvalcaba, ahí es donde todas la tardes trabaja. Busco entre los títulos de los libros algunos de su autoría. Él me observa, no dice nada. Comienza a hablar del clima, de las lluvias de las últimas semanas, mientras yo repaso de nuevo los estantes. *No encontrarás ningún libro mío, eso para mí es soberbia, por eso todos mis libros los regalo. ¿No te gusta leerte? No, si apenas me soporto y no puedo deshacerme de mi mismo, creo lograrlo un poco por medio de la escritura, imagina que tuviera todos los títulos cerca, sería una auto condena. Quiero que tomes lo anterior no como un capricho, sino como una válvula de escape de lo que soy. Mis libros los regalo a mis amigos, pero a los verdaderos, los que si quieren me dicen que no les gustaron o que ni los han abierto. ¿A qué amigos te refieres? Pues al que limpia el calzado, al que vende los periódicos, y uno de los más importantes, al de la vinatería.*

Después de la entrevista, no volví a ver e Eusebio. Nos escribíamos cosas triviales por correo. En una ocasión me contó muy triste que su acompañante en sus caminatas diarias, su perro *salchicha* se había muerto. No recuerdo si lo atropellaron o fue por cuestión de edad. Después, me invitó a la presentación de un libro de su autoría en el Foro Alicia, ese día el lugar estaba a su máxima capacidad. Eusebio con un grupo de amigos prefirió entrar a una cantina que quedaba a una cuadra. Apenas pude accesar al lugar y por el tumulto solo preferí comprar su libro e irme. En realidad, no importaba, había estado ya muy cerca de él. Eusebio dejó en claro que los escritores son más cercanos y sinceros por medio de sus textos, porque aunque quieran mentir, la verdad los ciega.

ENRIQUE SERNA

"En la universidad un maestro nos dijo que le lleváramos nuestros textos. Y yo bien valiente le llevé unos poemas. Sin miramientos ni compasión alguna los destruyó, entendí entonces, que la poesía no era lo mío"

Entrevisté al escritor y ensayista Enrique Serna una semana antes de que se llevaran a cabo elecciones municipales en Cuernavaca en junio del 2015. El taxi que me llevó a su domicilio, se estacionó justo atrás de una camioneta que repartía propaganda con la imagen del ex futbolista Cuauhtémoc Blanco, el cual me sonreía de una manera coqueta. El taxista se percató de cierto interés que mostré al observar al vehículo. Al bajarme me deseo buen día y muy seguro de sí, afirmó: *yo si voy a votar por el América.*

La casa de Serna es parte de un conjunto de casas que conforman una villa, donde todos los que viven en ella comparten un enorme y verde jardín. Ahí el escritor tiene una mesa con varias sillas donde nos sentamos. Por supuesto en la ciudad de la eterna primavera, da por hecho que tengo calor y me invita un enorme vaso con agua de toronja.

Al comenzar a hablar sobre su forma de trabajar en el oficio diario de la escritura, explica que primero fue un ferviente imitador de su madre, una lectora abrazante de todo libro que le llegaba a sus manos, llámese novela, cuento o best seller. *Fue ese el momento en que me di cuenta que me divertía en el juego de la lectura.* Al ser un adolescente, se aficionó por la literatura fantástica y de manera concreta leyó con obsesión los cuentos del escritor estadounidense H.P Lovecraft. *El inicio de sus cuentos te sujeta para no soltarte hasta que culmina el cuento, al principio traté de imitar su estilo en mis primeros textos. Claro que no pude. Pero es una excelente recomendación para chavos adolescentes, pues te engancha y difícilmente te quieres escapar.* ¿Te gusta entonces más el género del cuento? *El cuento es más un reto que la novela, porque como escritor no puedes tener desplomes estilísticos en el. Si ocurre, fragmentas el encantamiento que tienes con el lector. Imagínate que tan complejo es el género, que aunque yo comencé a escribir desde los 18 años, fue hasta los 31 años que se publicó mi primer libro de cuentos. Escribir cuento es despedazarte una y otra vez hasta lograr que todas las piezas embonen.* Declara que tiene una enorme predilección por el cuento cruel, ya que en el influye de una manera importante el humor negro. *Es donde tienes que decidir si lloras o sueltas una carcajada.*

Ya en la preparatoria para matar las horas en una clase donde solamente se copiaban datos en fichas de distintos autores, decidió comenzar a escribir un cuento. *Al terminarlo tuve la osadía de mandarlo a un concurso al periódico El Nacional. Para mi sorpresa lo publicaron. Evito recordar las primeras líneas porque en verdad, que era muy malo — ríe—* De modo irónico cuenta que ahí, él creyó haber encontrado su vocación literaria. *Era mentira ya que durante diez años estuve escribiendo y lo más lejos que llegaron los textos fue al cesto de papeles.*

La idea de dedicarse de tiempo completo a la escritura, se quedó indefinida cuando tuvo que resolver qué era lo que estudiaría en la universidad. Como primera opción tomó la carrera de ciencias de la comunicación en la UNAM, pero no tardó mucho en darse cuenta que la decisión no fue la más acertada. Sin pensarlo después de 18 meses cambió de carrera y entró a estudiar Letras Hispánicas, la cual entre muchas otras primicias le ayudó a ordenar sus lecturas.

Más adelante y retomando el oficio de la escritura, hizo sus primeras colaboraciones en suplementos culturales, en los periódicos **Unomásuno** y **La Jornada**. Fue a finales de los ochentas que se publicaron sus primeras dos novelas **Señorita México** (1986) y **Uno soñaba que era rey** (1989). Después vino una novela en los años noventa, que sigue incomodando a cierto sector del mundo intelectual y político, hablamos de **Miedo a los animales** (1995) donde de manera perfectamente irónica, retrata la corrupción en la esfera política y cultural. ¿Quiénes te odiaron más? *No lo sé con exactitud, pero definitivamente el sector intelectual resultó muy sensible a la crítica, digamos, que solamente dejé entre abierta una puerta de lo que es ésta élite, que cree estar en otro nivel que el resto de una sociedad como la de México, donde lamentablemente no se lee.*

El escritor, ha irrumpido en todos los géneros: la novela, cuento, ensayo; también ha sido biógrafo de personajes populares como Jorge Negrete y ha hecho guiones para telenovelas, lo cual le permitió saber manejar el suspenso en sus novelas. *Todo en lo que he trabajado, le ha dado un valor importante a lo que escribo. Lo mismo pasó con la experiencia que me dejó ser redactor publicitario, pues las frases publicitarias son como epigramas, lo cual te obliga a desarrollar el poder de la síntesis.* El único género que no ha tratado de escribir es la poesía. *En la universidad un maestro nos dijo que le lleváramos nuestros textos. Y yo bien valiente le llevé unos poemas. Sin miramientos ni compasión alguna los destruyó, entendí entonces, que la poesía no era lo mío.*

Serna platica pausadamente, mueve las manos y arquea un poco su cuerpo en la silla tratando de encontrar la postura más cómoda. Irremediablemente me distrae mucho el juego que trae con su dentadura, hace varias pausas para acomodarla dentro de su boca y después de un tiempo de conversar, vuelve a lo mismo. Pareciera que es una manía, podría decir que inconsciente, porque no pierde en ningún momento el hilo de la conversación. Cuando pregunto sobre su día a día en su trabajo, se nota un poco reservado. *A veces así estoy, me entretengo tanto en la laptop, que se me pasan las horas.* Afirma señalando su playera y sus bermudas que trae como atuendo. Agrega que hace ejercicio por 40 minutos, desayuna y si no hay que dar alguna clase trabaja cerca de cinco horas sin interrupción. Sin embargo, ahora se siente desencajado desde que la periodista Carmen Aristegui salió del aíre en el mes de marzo. *Por más que le doy vuelta una y otra vez a la radio, no hay nada.* Por lo que prefiere escuchar música; el género popular y los boleros le gustan. Y aunque su personalidad es reservada y seria, confiesa que goza mucho bailar. *No soy profesional, pero se mover los pies con gracia.* Revela que en sus años de juventud iba a ver los concursos de música disco vistiendo ropa apropiada para la ocasión, se sonroja al confesarlo y lanza una carcajada. *Todos tenemos secretos muy escondidos, que de pronto sin saber los das a conocer como ahora, pero que quede claro que sólo iba a ver y que nunca concursé.* Entonces también nos debes contar sobre cuando jugabas futbol. *Soccer, porque mi estatura no me da para el americano. Fueron años gloriosos — ríe— creo que de ello queda una foto en mi estudio y lo que llego a escribir del tema en las colaboraciones para distintas revistas, pero solamente.*

En su casa el escritor está rodeado de sus libros, pero con lo primero que te encuentras al entrar es una bicicleta fija. *Mira como no miento, todos los días hago ejercicio en ella.* En las repisas de uno de sus libreros, está una fotografía de una niña, sin preguntarle quién es me dice, *ella es mi hija Lucinda, y uno de los motivos por los que vine a vivir a Cuernavaca, vive a escasas cuadras de aquí.*

El aroma de la comida inunda la pequeña casa. En la mesa del comedor todavía se encuentra un par de cubiertos, la mesa también funge a veces como lugar de trabajo. *Es como me acomode, como amanezca, porque en realidad tengo mi rincón.* Avanzamos hasta llegar a su habitación, donde también hay angostas estanterías en que descansan varios libros. En un costado de la habitación hay una pequeña puerta que es la entrada del estudio. Un lugar reducido sí, pero donde él se nota cómodo. En una de las paredes, efectivamente hay una fotografía del equipo donde jugaba soccer. *Ni me vas a encontrar, en esos tiempos era delgado y guapo.*

El tiempo de la entrevista se ha consumido, Enrique busca el número de un sitio de taxis para mí. Mientras esperamos le narro lo sucedido con el taxista que me llevó a su casa. Al escuchar la anécdota ríe mucho. *Seguramente va a ganar, yo lo vi hace unas semanas aquí a una cuadra y jala a la gente. Además no te extrañe, solo fíjate quien gobierna a México.*

Salimos por la parte trasera de su casa, ahí por último le pregunto si tiene mascotas. *No me gustan, ni perros ni gatos. Lucinda mi hija, tiene varios perros y son parte importante en su vida, para mí son ajenos completamente. Sí ya sé, no soy de esos escritores misteriosos con mascotas que los acompañan en las horas de trabajo. Para mí no tiene sentido, ni gusto* —vuelve a reír— esta vez abriéndome la puerta del auto y diciéndome adiós.

CARMEN BOULLOSA

"Cada   trabajo literario tiene una secuencia distinta, por eso se toma uno por uno, porque de lo contrario te comienzas a presionar y la escritura se tiene que disfrutar. Es como la cocina, es regocijarse al picar finita la cebolla. Ahí también encuentro muchas cosas y lo he estado combinando, diría que lo necesito".

El escritor chileno Roberto Bolaño en el año 2000 escribió una colaboración en el periódico español, El País, la cual llevaba el título **Viena y la sombra de una mujer,** el texto inicia así: *no sé qué fue lo más importante de Viena, si Viena o Carmen Boullosa.* En dicha colaboración narra su encuentro con la escritora mexicana durante una ponencia que ambos dieron en España sobre el Exilio. Casi al finalizar el texto donde mezcla el sueño con la realidad y relata su aventura literaria, culmina diciendo *y conversé hasta la extenuación con Carmen Boullosa, la mejor escritora de México.*

Aquella mujer de la cual Bolaño habló con tanta contemplación y que dejó muy en claro, que no tenía nada que ver con la etiqueta de sólo ser una escritora *light,* tenía muy poco tiempo de haber regresado a México, cuando la contacté para pedirle una entrevista.

A Boullosa en el año 2001 le otorgaron la beca de Cullman Center Institute, más adelante fue profesora distinguida de Columbia University, de igual manera en City University of New York y Cátedra Andrés Bello de NYU. En el año 2005, fue invitada para colaborar y ser parte de CUNY TV, un programa de televisión de Nueva York en español. *Todo se fue dando sin que yo lo planeara, pero mi objetivo siempre fue el no dejar de escribir, sin importar donde estuviera. Además, en ese momento María mi hija, también se iba a estudiar teatro en el Stella Adler Studio of Acting. Fue una decisión difícil, pero no me arrepiento.*

La cita fue en su casa al sur de la ciudad, Carmen con un semblante cálido y amable me abrió la puerta. Noté de inmediato que no traía ni una gota de maquillaje en el rostro. Un suéter color negro y pantalón gris era su vestimenta, su cabello largo estaba atado a una cinta y apenas se podían ver unos hilos plateados. *Llegas en un tiempo perfecto, ya se fueron los técnicos de Internet.* Confiesa que ha vivido días difíciles pues no contaba con lo más básico para poder trabajar desde casa. *Imposible que me quede sin Internet, ¿cómo mando mi colaboración al periódico?.* Cuenta que las semanas anteriores estuvo aturdida por la mudanza, los últimos detalles y el cómo ordenar lo que iba saliendo de las cajas. Ahora todo está en su lugar, acaso algunos cuadros por colgar. En su sala donde comenzamos a platicar, las macetas con sus plantas —compañeras incondicionales— adornan un pequeño ventanal, ninguna se nota triste. *Al principio tuve miedo de que se pusieran melancólicas y llegaran a morir, pero creo que les cayó bien el clima cálido y a veces lluvioso de la Ciudad de México. Y es que ellas me recuerdan a las dalias de los camellones que llegaban hasta la casa de mi abuela.*

Comenzar a charlar con Carmen Boullosa es observarla en los primeros años de su vida desde dos mundos y espacios distintos. El primero en un universo de juegos de niños, los diarios de pastas gruesas y de papel delgadito con una pequeña llave dorada, donde se escribían los más recónditos pensamientos de Carmen cuando era niña, aquellas fotografías donde se le captó sumergida en las páginas de algún libro y solo se veía la cortina de su larga cabellera. Pero de pronto hay que voltear al otro extremo, donde para la poeta, todo se volvió caos, donde la obscuridad se la tragó a partir de la muerte de su mamá. *Fue una catástrofe para mí y mis cinco hermanos, de pronto nos quedamos sin nuestra mamá y poco a poco sin mi papá. Él como en las historias de cuentos para niños, no soportó la pérdida de mi madre y se casó con una mujer mucho más joven y sobre todo notablemente tonta, y quien a mis hermanos y a mí nos declaró la guerra.* Boullosa pareciera tener los recuerdos de aquellos días como pequeños fragmentos de película cuando los va narrando, recuerda con exactitud la maldad de Cristina — su madrastra— que se dedicó con saña a querer borrar su pasado y el de sus hermanos, tirando todo lo que los pudiera hacer felices. *Se encargó de tirar mis libretas y mis diarios, cuando yo los buscaba simplemente ya no estaban.* Sin embargo, se remonta más a los días en que eran felices, cuando observaba a su padre llegar a casa con los sacos deformes porque él siempre cargaba con un libro y por lo tanto, el peso de los mismos provocaba que las bolsas se fueran venciendo. Recuerda las primeras novelas que leyó con una voracidad implacable, Mujercitas, Belleza Negra y más adelante Los Miserables y La guerra y la Paz. *Siempre he dicho que no vengo de una familia lectora, no existió un vínculo directo con la literatura. Mi abuelo materno fue veterinario, el abuelo paterno trabajó siempre en un banco y mis padres fueron químicos. Eso sí, te puedo decir que mi familia era sumamente católica, íbamos mucho a la iglesia, se hacían misas en la casa. Mi papá nos leía la Biblia. . . yo sé que a él le aburría mucho y por eso nos leía poemas. A mí, me leyó el Quijote.*

Fue a los quince años, que se dio cuenta que lo único que le sacaría la tristeza sería escribir. Comenzó a hacer versos y a ponerlos como letras de canciones, aunque pronto se dio cuenta que eran *muy malitas.* Boullosa, entrecruza varios episodios en su vida, los tiempos en que tuvo que salir de la casa de su padre, y que fue cuando conoció a la cantautora peruana Chabuca Granda. *Me introduje en el mundo bohemio, donde ante todo se proclamaba la libertad, donde podías expresarte como tu quisieras. A ella, le enseñé mis poemas que estaban en pequeños cuadernillos decorados, todos hechos por mí.* De igual manera evoca los días en la universidad, primero en la Iberoamericana, y más tarde en la Universidad Nacional (UNAM), donde cursó en ambas estudios de Lengua y Literatura Hispánica. Menciona su desapego con las aulas, con los horarios de clase y la manera en que decidió solamente dedicarse a escribir como oficio, como el que nace al cerrar los ojos y adentrarse en las entrañas de quien sea, sin miedo a caer. Recuerda el mundo de los poetas y escritores donde fue bien recibida, donde se leían los unos a los otros, ahí estaba Francisco Hinojosa, Tomás Segovia, Coral Bracho. *Eran los tiempos donde todos los jóvenes queríamos ser poetas, como lo que sucede hoy en día, que todos los jóvenes quieren ser cineastas.* Imposible que no recuerde los tiempos en el Taller Martín Pescador, donde aprendió del tipógrafo Juan Pascoe, a hacer los llamados **Libros Artista**: piezas hechas de modo artesanal con prensas planas de tipo móvil, papel de excelente calidad y en ediciones no mayores a cien ejemplares. En ese taller, se publicó su primer poemario **La memoria vacía,** en 1977. *Por supuesto está Federico Camphell, — escritor— quien editaba la colección **La máquina de escribir**, también me publicó un poema. Fue muy paciente conmigo, muy amable en su trato. Con él aprendí a leer las pruebas, a poner los ejemplares y llevarlos en sobres al correo para así distribuirlos. Por estas dos maravillosas experiencias nació el Taller Tres sirenas.*

*¿Te reconciliaste con tu papá? No, jamás. Pero siempre estuvimos cerca. Él nunca faltó a una presentación de un libro mío. Ni siquiera cuando presenté **Mejor Desaparece** (1987), donde existe un discurso constante, caótico y apocalíptico… lleno de ratas y de **eso**… un libro autobiográfico de lo que viví y vivieron mis hermanos a partir de la muerte de mi mamá.*

Carmen Boullosa nació en el año de 1954 en la colonia Santa María la Ribera, tiene una trayectoria importante en el mundo literario, son más de 40 libros donde se destaca la poesía y la novela. Los premios y reconocimientos son todos importantes y ella se siente feliz de haberlos obtenido. Sin embargo, no le gusta ponerse títulos, simplemente se reconoce como escritora y como tal, tiene una virtud, es una excelente conversadora y cuando habla de su vida con ella siempre están las personas que más ha querido. Tal es el caso del dramaturgo y poeta Alejandro Aura, su primer marido. Con el cual tuvo dos hijos María y Juan. *Vieras que bien me caen mis hijos, tanto que si pudiera volver a tener otra vida — y no creo en la reencarnación— me encantaría que fueran mis hermanos ¿Cómo llegó Alejandro Aura a tu vida? Como todas las personas buenas llegan a la existencia de cualquiera, así solito, por casualidad, por amigos en común y por un pretexto maravilloso como es el teatro. Coincidimos con Julio Castillo, había varios amigos del grupo y él llegó,muy sonriente, muy guapo. Poquito tiempo después lo volví a ver cuando yo salía de un periódico, había ido a dejar una colaboración. Lo vi, y le dije: Alejandro, ¿no te acuerdas de mí? Él me miró y no sé si me recordaba pero fue muy afectuoso.* Boullosa, tenía entonces 26 años y un novio al cual quería mucho, pero con él no veía mayor futuro, más que dejar correr lo días y solamente disfrutarlos sin pensar en nada más. *Imagínate, cómo pensar en tener una vida juntos, si no era capaz de tener una casa propia. Para mí, ya había pasado el tiempo de la rebeldía y tenía en claro que quería ser mamá.* Ese mismo día Alejandro y Boullosa quedaron en comer juntos. *Lo que siguió salió sin ningún esfuerzo, fui yo quien le dijo que quería tener un hijo con él, que quería una casa, que deseaba que él fuera mi compañero. Él con aquella voz me dijo, **yo contigo quiero todo y casa pues ya tenemos.***

Fueron 20 años juntos, aunque narra que los primeros tiempos de convivencia, quería salir corriendo. *A Alejandro se le salieron todos los demonios y estuve a punto de dejarlo cuando mi hija María era muy pequeña.* La solución a sus conflictos constantes fue el trabajar juntos. *Jesusa Rodríguez una amiga muy amada para ambos me lo recomendó, verás que todo cambiará porque tendrán los mismos objetivos, y tuvo razón. Fueron años — lo repito— muy felices, aunque con las angustias económicas de mantener un proyecto cultural muy caro, pero donde pudimos tener música, conferencias y obras de teatro.*

A Alejandro Aura, le diagnosticaron cáncer en el año 2004. Carmen recuerda haber notado su pérdida de peso cuando lo abrazó para felicitarlo por su matrimonio con Milagros Revenga. *Alejandro siempre fue muy delgado, pero cuando lo abracé era puros huesitos, me preocupé mucho. Entonces como sabía que él no me haría caso y diría que me preocupaba más de lo normal, recurrí a un amigo médico en común y le platiqué lo que había pasado. Nuestro amigo, fue quien convenció a Aura de hacerse los análisis pertinentes, así fue como nos enteramos que estaba invadido de cáncer.* Aura, falleció en España en julio del año 2008, Boullosa y sus hijos estuvieron siempre *cerca... muy cerca* —dice—. *Fueron momentos dolorosos y más porque Alejandro no se tenía que morir, fue injusto para todos su ida.*

La escritora, se da unos segundos para volver a sonreír, sus enormes ojos los entrecierra. ¿Eres una escritora que escribe a cada momento? *Me descubrí escribiendo en cualquier lugar. Siempre traigo conmigo la libreta en la bolsa y también, mis libros. Pero el ir y venir durante muchos años, me hizo comenzar a trabajar en los aviones y en habitaciones de hotel, aunque no me sienta cómoda en ellas.*

No obstante, cuando se encuentra en su casa antes de escribir por las mañanas, se toma un café en la cama y desde ahí comienza a hilvanar ideas, las apunta en una libreta con una pluma Cross *de la pequeñitas* y más adelante transcribe en su computadora. *También, depende mucho de la ciudad donde me encuentre. Si estoy en Nueva York, prolongo más el día. Salgo de la cama, me baño y voy a caminar. Caminar es importante, te pone las ideas en orden. Pero si estoy en México entonces me adapto más a los horarios de aquí y a las comidas.*

Si hablamos de elementos cercanos a ella, están los libros que consulta y donde como una manía que siempre ha tenido hace anotaciones al margen de la hoja. Comenta que jamás mezcla escribir novela y al mismo tiempo poesía. Explica que cuando escribe poesía hay mucha luz y entrega emocional, en cambio, la novela es en un gran porcentaje cuestión de orden y rutina. Ahí también, entra el escuchar música como a Schumann, Beethoven y las voces que conoce de memoria como es el caso de la cantante Eugenia León. Pero con la poesía jamás y con la novela a veces. No obstante si en alguna parte de la melodía encuentra la respuesta para lo que en ese momento escribe, repite una y otra vez el fragmento musical. *Cada trabajo literario tiene una secuencia distinta, por eso se toma uno por uno, porque de lo contrario te comienzas a presionar y la escritura se tiene que disfrutar. Es como la cocina, es regocijarse al picar finita la cebolla. Ahí también, encuentro muchas cosas y lo he estado combinando, diría que lo necesito. Mira, nunca imaginé tener la cocina abierta a la vista de todos fue algo que decidí, ya no tenerla aparte de mis cosas y me encanta. ¿Cocinas entonces? Sí, — ahora— la combino con el oficio diario, ya la hice parte de mi rutina, porque se convirtió en una necesidad, el escuchar el tic, tic del cuchillo. Es más, si tuviera tiempo y pudiese estudiar alguna profesión sería química de los alimentos, date cuenta es un mundo interminable como la escritura.*

¿Qué representa ahora todo lo que has escrito, qué es en ti, todo lo que ha arrastrado la pluma en tus libretas? *Mira, mis libros tienen que ver con lo que soy, con las personas que amo, con los lugares donde he vivido, con los muertos que no aparecen y que no se les puede llorar, porque el coraje hierve en el corazón.* Escuchamos unas pisadas bajando las escaleras. Boullosa voltea y me dice, *es Mike mi marido, él no habla español. Y como notarás es un americano de pies a cabeza por como viste siempre. Pero es un gran tipo, lo mejor que me ha podido pasar en estos años.* Mike Wallace, es historiador y premio Pulitzer, por el libro A History of New York City to 1989, lo conoció en Nueva York. Él me sonríe y de inmediato accede a tomarnos varias fotos. *En la terraza que nos tome las fotos ahí donde están otras plantas mías que te voy a presentar.*

Al concluir la entrevista revela, *mañana llega mi hija María a México. Viene a la presentación de mi nuevo libro de poemas,* — Hamartia (o Hacha)— *ella leerá algunos. Pero eso no es importante, sino que viene con mi nieto León Alejandro, por lo que seré a partir de mañana nada más su abuela.*

ARMANDO VEGA–GIL

Armando Vega–Gil es fundador de la banda de rock mexicano Botellita de Jerez. Es antropólogo, contador de cuentos de miedo y risa para niños. Es poeta, aunque dice que no de los buenos, es creador de talleres de escritura, escalador de montañas. Ha ganado varios premios de literatura y lo más importante: es papá de Andrés.

Cuando busqué a Armando Vega Gil para solicitarle la entrevista, lo hice enviándole un mensaje por Facebook. La respuesta fue un emoji que bailaba y contoneaba todo el cuerpo. Le pregunté si tomaba al muñequito danzarín como una afirmación, a lo cual respondió: *es un sí, yo aquí bailando nada más.* Acordamos el día y la hora, el lugar de la cita sería en su departamento en la colonia Narvarte.

Cuando llegué al edificio, él no se encontraba, dos jóvenes barrían las hojas de los árboles que habían caído por la lluvia. Al poco tiempo apareció el Cucurrucucú, venía montado en un patín del diablo para adultos. Traía su casco, por aquello de alguna caída.

Armando es muy cálido al saludar. Lo primero que hizo al entrar a su departamento fue quitarse los tenis. En su estancia hay un pequeño sillón de color rojo, una alfombra de cabello largo color arena cubriendo el piso, ahí se encuentra una gran variedad de cojines y muñecos de peluche, *todos estos juguetes son de Andrés* — comenta— refiriéndose a su hijo quien acababa de cumplir cinco años. En realidad, el lugar es un paraíso para cualquier niño: libros de cuentos, juguetes, un piano, y una enorme pantalla anclada en una pared. *La paternidad te cambia y Andrés vino a revolucionar toda mi vida y para bien —dice—* De pronto se encuentra sumergido en el mundo de los niños, escribe para niños, tiene un disco para niños (Armando Vega–Gil y su ukulele loco, 2014), pero ¿cómo comenzó a escribir? Armando se sienta en un banco enfrente de mí. *La historia es larga y soy demasiado disperso y olvidadizo, más cuando se trata de fechas.* Le prometo tener paciencia. Efectivamente, no recuerda con certeza la edad que tenía cuando decidió entrar a un concurso de cuento, a lo mejor cursaba el último año de la secundaria, entonces posiblemente tendría quince años de edad. *Me sentía muy seguro en la onda de las letras, y me aventuré a escribir un cuento el cual era un súper fusil de la película Yanco, (película dirigida por Servando González, 1964) donde un niño indígena en Xochimilco aprende a tocar el violín y por diversas circunstancias muere ahogado.* La mamá de Armando quien trabajaba como secretaria de Aeropuertos Internacionales, corrigió las faltas de ortografía del cuento. *Siempre he tenido una pésima ortografía, ahora recuerdo el comentario que me hizo el cronista Víctor Roura, director de la revista* **Melodía / diez años después**, *donde llegué a colaborar: "Escribir con faltas de ortografía, es como escuchar a un músico desafinado", me hirió el alma. Pero eso sucedió mucho tiempo después. Cuando concursé siendo un mocoso, era mi mamá quien se encargaba de revisar y hacer las copias del cuento con papel calca en hojas de papel color amarillo.* Recuerda haber buscado a su tía la escritora Emma Rueda antes del fallo del concurso, para mostrarle su cuento y saber su opinión. Su tía aceptó y lo citó en el café La Habana en la colonia Juárez, el cual le quedaba sumamente lejos de su casa. *Imagínate yo vivía en la colonia Balbuena, tuve que tomar como dos camiones.* Inevitablemente llegó muy tarde a la cita. Al entrar al lugar, se encontró con su tía sentada con un gesto de seriedad. *Ella es de una generación de escritores donde siempre buscaban decir y escribir todo de una manera muy elaborada. Estaba ahí esperándome, toda circunspecta. Me dio miedo. Aun así, le entregué mi texto muy emocionado. Cuando lo terminó de leer, después de un largo silencio me dijo: le debemos tanto a Rulfo, me destruyó. Prácticamente, insinuó que había casi, casi plagiado un cuento de Rulfo. . . posiblemente,* —ríe— Para él, fue un momento embarazoso, simplemente salió del lugar completamente descorazonado. *Lo peor es que no gané el premio, bueno obviamente no me lo iba a ganar. ¿Y dónde está el cuento, lo conservas? No sé* *ni dónde quedó. Tengo la costumbre de deshacerme de todo, ya sabes... ni los apuntes de la secu... nada, todo lo tiro. Ahora todo se va a la computadora o trato de que todo se publique.* Confiesa siempre estar escribiendo, por ello carga con una libreta. Su departamento tiene un orden impecable, nada está fuera de su lugar. Reconoce que no siempre ha sido así, en años pasados acumulaba hojas, folios, cuadernos. *Todo lo tiré a la chingada. Ahora periódicamente me voy deshaciendo de objetos, de ropa... la ropa de mi papá era muy importante, de pronto un día dije, no tiene cabida en mi casa... a él lo llevo aquí adentro... como algo pegado a la sangre... ¿Al no ganar el premio dejaste de escribir? No, para nada. Lo ocurrido se lo conté a mi mamá y fue ella quien cuestionó a mi tía, el por qué me había dicho tantas cosas. Mi tía le confesó, sus deseos de disuadirme pues ella consideraba que era un oficio del mal, porque los escritores son poco valorados y sumamente ninguneados... pero no le hice caso.* Indudablemente había una conexión muy fuerte entre ellos dos, Armando recuerda las idas de muchos domingos a la casa de su abuelo, donde se hacían grandes comilonas en torno al espectáculo de los toros. *Mi abuelo y mis tíos veían los toros por televisión, sacaban el vodka, era todo un fandango. Yo no me acuerdo si los toros me causaban estupor o me valía madres, pero la imagen de la televisión encendida en blanco y negro... y sobre todo la sangre de los toros la tengo presente.* En una ocasión en medio de la fiesta su tía Emma le regaló un poemario, primera edición (editorial Losada) del poeta chileno Pablo Neruda. *Me quedé helado. Era tan contradictoria su actitud. Lo peor del caso es que extravié el libro* — comenta pensativo—

Algo más que ganarse un Premio Literario.

Tuvieron que pasar más de treinta años, para demostrarle a su tía que no era tan malo para escribir y que sí podía ganar un premio literario. En el año de 2006, el también antropólogo, ganó el *Premio* Bellas Artes de Cuento San Luis Potosí, con el libro de cuentos **Cuenta Regresiva**. Más allá de la gran celebración, no puede dejar de pensar en lo *tremendo* que ha resultado su vida en torno a este estímulo literario. *Te voy a decir la importancia del Premio, y la enorme conexión con Emma Rueda, mi papá y otros escritores. Mi tía participó en el primer año del concurso (1974) donde el jurado estaba compuesto de puro chingón, hablo de Juan Rulfo, Juan de la Cabada y Miguel Donoso.* La escritora no obtuvo el primer lugar sin embargo, recibió una mención honorífica donde el jurado recomendó la publicación de su libro de cuentos **Lecturas de un ladrón improvisado.** *Todo fue como muy ambiguo, al yo ganar el premio. Por un lado quería demostrarle de lo que fui capaz como escritor y por otro era compartirlo con ella.* Reconoce haber peleado muchas batallas para conseguirlo, en más de diez ocasiones mandó su libro. *Te frustras horrible, los concursos literarios son desgastantes, te sientes mal cuando no ves resultados. Pero aprendes a autoevaluarte, te tienes que sentar, ordenar, escoger y ver donde pones el cuento más fuerte… digamos que es un trabajo de edición.* Armando se emociona, al hablar conforme avanza la plática, pues hay otro escritor quién también ganó el mencionado Premio en el año de1976. *Fue un éxtasis en mi vida cuando leí,* **De cómo Guadalupe bajó a la Montaña y todo lo demás,** *del escritor Ignacio Betancourt. Y más porque la vida me llevó a estar cerca de él en un grupo teatral. Era el tiempo del teatro revolucionario, una manifestación de lucha, un arma revolucionaria. Y el brazo revolucionario de todos nosotros era precisamente Ignacio Betancourt.* Vega Gil, va nombrando a los escritores que —dice— le volaron los sesos de tanta felicidad y lo han llevado a vivir una hermosa locura. Habla de Parménides García Saldaña, con su primera novela **Pasto Verde,** y de José Agustín, *su escritura es simplemente desmadrosa y lúdica.* El recorrido de aprendizaje de Armando es amplio, nombra a los grupos teatrales Cleta y Los Zopilotes, todo ello acompañado de hechos relevantes en el mundo. *Nosotros si creíamos en una moral nueva, en hombres nuevos acompañando a mujeres nuevas… después vino la caída del Muro de Berlín… se supo todo lo que hizo Stalin… pero antes estábamos seguros de poder cambiar nuestro entorno. Cuando tienes 18 años crees que puedes cambiar el mundo. Desde ahí la gran importancia del Premio de cuento San Luis Potosí.* Nos concentremos en el momento cuando se enteró de que se había ganado tan añorado galardón. *Fue de lo más chistoso. Pese a que era muy importante la fecha del fallo, no la tenía marcada en un calendario. Ese día sonó mi teléfono, al contestar escuché la voz del escritor Pancho Hinojosa diciéndome muy emocionado: te acabas de ganar el San Luis Potosí y contesté una cosa absurda ¡Pero, por qué! y él me contestó, ¡pues no sé! Y de inmediato, empecé a pegar de gritos.* Vega Gil, en ese momento deseaba contarle la noticia su papá, los últimos años no habían sido fáciles en cuanto a la salud de su padre. *Mi papá estaba dispuesto a morirse, había tenido graves problemas físicos, se le había colapsado la médula espinal.* Recuerda de manera clara la expresión de su papá diciéndole a través de la bocina del auricular sumamente emocionado: ¡Formidable! *En ese momento yo me imaginaba a mi papá saliéndole flores del cuerpo. Por la gravedad de la enfermedad mí papá no estuvo el día de la premiación y murió poco tiempo después.*

LOS NIÑOS COMO INSPIRACIÓN

Las piezas se fueron acomodando, Armando se tornó más disciplinado en el Oficio de la escritura, empezó a publicar con regularidad, con anterioridad ya había colaborado en medios impresos, entre ellos cuenta a los periódicos Uno más Uno, La Jornada, Novedades. *Escribí también en una publicación que se llamaba PAN, que nada tiene que ver con el partido político, sino con el Órgano de la industria de la panificación harinas y derivados, ahí escribía cuentos. Más adelante, trabajé en la revista de autobuses ETN, donde hacía cuentos para niños con objetivo de que el relato lo pudiera leer el adulto al niño en el viaje. Así nació el libro de cuentos* **Momias, ángeles y espantos** (2009). Aunque tenía libros para el público adulto, el mundo infantil lo atrapaba. *De manera natural trazaba historias para niños, me iba a un café cercano a mi departamento y ahí les contaba cuentos a los niños inventados, dizque de miedo.* La llegada del escritor Francisco Hinojosa fue trascendental para él. *Cuando era alumno de Pancho Hinojosa, estaba definiendo mi carrera como escritor.* Él fue quien le mostró el gran potencial que tenía para contar historias para niños. *Ya había dejado la música en ese momento y me concentraba solamente en escribir.* Al mismo tiempo se comienzó a vincular con personajes importantes en el mundo literario. *Entré a un taller de novela policiaca que se llamaba el Biombo Negro con Lourdes Hernández Fuentes, esposa del artista mexicano Felipe Ehrenberg, iba el Fisgón, Laura Emilia Pacheco, de ahí nació una revista de literatura negra, fue muy padre la experiencia. En su momento, asistí a la escuela de la escritora Lura Esquivel. Para no hacer más rollos comencé a ser más entrón en la onda de los libros.* En pocas palabras a tomarse más en serio y como un modo de vida el oficio de escribir. ¿Qué es lo que encuentras en el público infantil? *Son a toda madre los chavitos además, lo mío no tiene nada que ver con lo didáctico y los valores, mi objetivo es que se la pasen bomba, que les den miedito los cuentos de espantos… Yo voy a divertirlos.* El mundo de los cuentos para infantes le ha equilibrado la vida, pues la conexión con los niños no tiene trasfondos, ni caretas. Además, reconoce que el círculo editorial para adultos está lleno de demasiadas mafias. Pero está el libro de **Fecha de Caducidad (2015)** el cual escribiste con Beatriz Rivas y Eileen Truax. *Sí claro, y hay quien dice que no debo de alejarme del público de los adultos, pero los niños son un imán. No les muestro nada nuevo, ellos son los que me hacen ver la vida de distinta manera y mucho tiene que ver la llegada de mi hijo, pues él agudizó esta necesidad de escribir para los chavitos, comencé a ver todo desde otra perspectiva.* Como muestra de ello, recuerda la invitación que recibió del centro comunitario de Los Altos de Chipas, el Caracol de Oventic. En ese lugar se encuentra un espacio educativo donde preparan a los niños para servir y amar a su comunidad con el fin de fortalecer sus lazos sociales y familiares. *Todos me recibieron con los brazos abiertos, vi como preparan la tierra para sembrarla, y cómo hacían las tortillas. Aprendí a decir varias palabras en la lengua tzotzil.* Para corresponder la hospitalidad, una noche les leyó un poema que escribió y cuyo protagonista es un perro que ladra toda la noche al aire, a las sombras del caracol de Oventic. Así fue como nació el poema **El perro de Oventic** (2013) *Te puedo decir que es un libro entrañable, mi favorito.*

Y de las manías

Armando de inmediato responde cuando le pregunto sobre sus manías como escritor. *No soy de esos escritores que escriben todos los días como una disciplina. Jamás he llevado algo así.* Comenta que mucho tiene que ver el ritmo de vida. Sólo tiene una rutina establecida. *Todas las mañanas paso por Andrés a casa de su mamá para llevarlo a la escuela, y también cuando terminan las clases, a veces pasamos a tomar un helado, a comer algo.* Vega Gil, reflexiona y dice tener más bien pasiones, como la conducción del programa que se transmite por Código CDMX – Radio Cinema Paraíso– donde habla del cine mexicano. Es cuestión de disfrutar lo que realizas – dice–, lo mismo le ocurre cuando toma la cámara para captar los instantes y dejarlos vivos para siempre en una fotografía. Por un momento reflexiona. *Ahora que lo cuestionas, el tomar un baño con agua muy caliente, hace que pueda concentrarme mucho mejor frente a la computadora, sí, eso es una manía. Soy demasiado común, nada tengo que ver con los escritores que caminan por alfombras rojas.* Agrega que pronto tendrá dos acompañantes en su departamento, son dos gatitos quienes ya tienen nombre: Pelitos y María José. *Su llegada no tiene que ver con modas. Conviví durante veinte años con una gata de nombre Laureana, simplemente me gustan y ya.* Antes de despedirnos dice, *soy demasiado chillón, no sé si por ser sensible por lo que ocurre alrededor de mi vida, o por mamón, pero eso no es una manía, ¿o sí?*

LOS CAPRICHOS DE UN OFICIO
de Dulce María Ramón se terminó de imprimir
en mayo del 2017 en la Ciudad de México,
la edición estuvo a cargo
de Casa Editorial Abismos.
Se imprimieron 500 ejemplares.

Made in the USA
Monee, IL
07 July 2026

56552687R00049